U0086815

GET LUCKY!

助你好運 II

—幸運透視眼—

透視你的心理盲點
讓你避免意外、受騙、小人
所帶來的不幸

劉軒 XUAN LIU

dedication

獻給我的家人

contents
目錄

preface

前言

親愛的讀者朋友：

去年，我出版了《Get Lucky! 助你好運》。當初為了做相關研究，我設計了一份問卷，題目包括「個人幸運感」、「生活滿意度」、「交友狀態」等五十多個問題，並在網上收獲了一萬份、來自四十個國家的有效樣本。

從 0 到 100，大家給自己的「幸運感」平均打了 72 分，整體來說不算低，但綜合生活滿意度卻只有 65 分。如果這是考試，這樣的評分只能算「及格」而已。

當然，人生不是考試。不過，我從這份問卷的數據、以及後來所做的訪問調查中發現，許多人對「幸運」都有一種矛盾的心態。一般人普遍覺得自己還算幸運，甚至擔心自己不夠惜福，所以在追求幸運的同時，不敢妄想將來能過得太好，口頭上也只會說：「可以平平順順過一輩子就夠了。」

其實「平順過日子」這件事，並沒有想像中那麼容易。如同用指尖頂住一顆籃球，你要維持平衡，就得讓球不停的轉動。我們的世界每天都在變，你自己沒變，不代表周遭環境不會迫使你改變。我個人很喜歡下面這句話：

如果你不為自己的命運做決定，那命運遲早會替你做決定。

　　該如何為自己的未來做正面積極的規畫，同時又要應付人生的無常，維持精神和情緒的穩定，是幸運人生攻守的兩面考慮。

　　因此，當我在撰寫《Get Lucky! 助你好運》時，也開始蒐集「如何避免不幸」的相關資料。我發現許多不幸確實是可以避免的，因為它們源自於我們判斷和處理事情的方式。如果能認清這些盲點，就有機會避免它們所造成的困擾，進而讓我們更坦然面對人生的挑戰。我在這本書裡，就是希望分享這樣的觀念。

　　在我的構想中，《Get Lucky! 助你好運》的內容其實是分為上下兩集：第一集講「趨吉」，第二集談「避凶」。我希望它們可以建立一個基礎，協助大家以更健康、正面、科學的態度看待未來的種種玄機，從中獲取屬於自己的幸運人生。

　　祝大家都能夠順勢轉運、逢凶化吉，不僅安穩過日子，也能積極迎接每一天。

劉軒　2015年11月

序曲
prologue

蒙地卡羅也瘋狂

只有一萬多戶人家的海邊小城蒙地卡羅，自古以來就是權貴雲集之地。這裡的碼頭停泊著億萬級的私人遊艇，街上超跑簡直跟計程車一樣多，而市中心的蒙地卡羅大賭場，當然也是世界上最高調豪氣的賭客喜歡去撒錢的地方。

但連什麼場面都見過的蒙地卡羅大賭場，某天晚上卻發生了一個離奇事件，這件事直到百年後都還經常被人談論，成為當地的傳奇故事。

1913年8月18日，賭場內高朋滿座，熱鬧繽紛。突然，從輪盤桌那裡傳來一陣陣的驚呼聲，賓客們紛紛引頸探望。

只見主持輪盤的員工臉色發白，結結巴巴的說：「我發誓，我真的沒有動手腳，真的！」

「怎麼了？」賭場主管衝過來問。

「這個輪盤有鬼！」

一位客人大喊：「它已經連續搖出了十三個黑！」

沒賭過輪盤的朋友，一定也看過輪盤的樣子。上面有數字，分別畫在黑紅間隔的格子上，賭客可以按號碼組合或顏色下注。當輪盤開始旋轉後，一個小白球則以反方向沿著外圍滾動，逐漸落入某個格子，根據那個格子的數字和顏色來決定誰是贏家。

一般來說，搖出紅或黑的機率是將近50%[1]。但是，當晚這個賭桌的輪盤像是中了邪似的，連續搖出了十三個黑，就好比連續

擲幣十三次都出現同一個面，是極為罕見的事。

賭場主管說：「各位眼見為憑，這種機器是無法作弊的，況且每次落入的數字都不同，只是顏色一樣，遲早會落在紅色的！」

「那我要壓紅色！」一位賭客拿著籌碼衝上來說：「不可能一直都是黑的啊！」

「是啊，是啊！」一群人聽了，也都紛紛加入。

但再搖一次，結果還是黑的。

這時，消息已經傳遍了整個賭場。

「算我一份！算我一份！」

客人們紛紛跑來，揮著手中的籌碼，每個人都是壓紅色。

他們大概是心想：「連續出現那麼多次黑色已經違背常理，下次一定會是紅的！」

當黑色再度出現時，隨著大呼小叫，賭客們還是繼續加碼。最後，紅色終於出現了……在連續出現二十六次黑色之後。

連續出現二十六次黑色，這幾乎是不可能的事，但當晚真的發生了。有些賭客一直壓在紅色，把老本統統賠光，有人甚至還昏了過去，場面幾乎失控。這場事件最大的贏家則是賭場莊家，一口氣入帳了數百萬法郎。

「蒙地卡羅事件」後來成為教材，用來解釋「賭徒謬誤」（gambler's fallacy），又稱「蒙地卡羅謬誤」的現象。

　　賭客通常會想說：「連續出現這麼多個黑實在太不尋常了，接下來一定會出現更多的紅，才能平衡回來！」但其實，接下來搖出紅的機率並不會因為之前的結果而受到影響。

　　當我們擲一個硬幣，獲得正面或反面的機率個是50%。如果連續擲了幾次都是正面，下次會更容易獲得反面嗎？不會，因為每次擲幣都是獨立的事，跟之前的結果沒有關連。

　　假設我們從宇宙誕生之初就不斷擲幣到現在，把所有的結果加起來，應該有將近50%是正面，50%是反面。但若我們把歷史紀錄一筆筆攤開來看，你可能會發現有些時候連續出現了很多次正面，或連續出現很多次反面，搞不好還會有上百萬次都是正面或反面的結果。雖然很不可思議，但以整體來說，這都算是正常的隨機現象。

樣本數量愈大，時間愈長，愈有可能出現一些看起來像奇蹟的結果。我們甚至可以說，在人一輩子的光陰當中，碰到奇蹟是必然的。問題是：那奇蹟是好？還是壞？

之前就曾經傳出：某人在便利商店買了兩顆茶葉蛋，之後拿那張統一發票兌獎就中了千萬特獎的新聞。那個人一定覺得自己非常幸運，但我不免也想到當初排在他前後的客人。他們兌獎時一定跳起來大罵髒話，因為尾數差一號就什麼都拿不到。

我也有保留統一發票的習慣，兌獎時往往槓龜，但心情一定不會有那兩個人來得失落。結果雖然都一樣，但感覺就是不同。

對於買茶葉蛋的人來說，如果經歷的巧合對自己有利，就會稱為「奇蹟」或「好運」。另外兩個與千萬大獎擦身而過的人，也算是一種巧合，但只能稱這個經驗為「倒楣」或「厄運」[2]。

巧合總是在生活中發生，
好與壞的差別只在於對我們是否有利而已。

懂得應變的人，就有機會把一些看似無關緊要，甚至負面的巧合，轉換為幸運的緣分和際遇。

但我們難免還是會跟別人做比較。

想像你在路邊撿到一千元現鈔，應該會覺得自己很幸運吧？但如果跟你一起逛街的朋友也在路邊撿到一張彩券，根據上面的號碼中了頭獎，你還會覺得自己那麼幸運嗎？

我們通常會跟周遭比較，來判斷運氣是好是壞。有些人生活大富大貴，心中卻悶悶不樂，往往是因為他們總是覺得身邊的人比自己還要幸運。

比較心態在所難免，但如果我們要快樂一點，就應該專心把自己手上的牌打好，而不是看到別人贏，就覺得自己的牌太爛。

講到爛牌，雖然聽起來很傻，但賭客謬誤在日常生活中還算常見。許多人以「物極必反」的心態，期待運勢自然扭轉，但是事情往往不是那麼簡單。

我們必須要清楚因果關係，倘若失敗要知道原因，不能只憑感覺做事。在牌桌上，我們可見賭客謬誤最露骨的呈現：「我怎麼可能連輸那麼多次？再來一局！」或是相反的：「我現在手氣正旺！讓我再打一下，見好就收！」

後者這種現象叫做「熱手謬誤」（hot hand fallacy）。有些賭客贏的時候覺得自己是「熱手」，輸了則覺得「馬上會轉運」，反正怎麼看都一定要繼續賭下去，結果洞就愈挖愈深。

實際懂得賭博的人，像是職業德州撲克選手們，雖然也相信運氣，但他們更相信「分析」。牌不好的時候，他們設法讓自己少輸，牌好的時候，他們會放膽下注，博取最高報酬。他們靠攻守

並用的技巧，透過許多回合拉出勝負差距，這其中，雖然有心理鬥智，但更多是冷靜判斷。真正專業的玩家不會讓自己受到慫恿而隨之起舞，穩定是他們的致勝要訣。

　　人生也是一樣，運氣本來就是時好時壞。不要被謬論和情緒困惑，要懂得攻守並用，讓自己輸少一點，贏多一點，好運就會愈來愈明顯。

　　重點是，當真正的好機會來臨時，我們是否知道如何把握？這也是《Get Lucky! 助你好運》上下兩集的核心理念：

只求每天好一點，
就有機會累積成大幅轉運的效果。

　　用知識解除困境，在人生的起伏中逐步穩定。

　　累積你的人脈和能量，直到奇蹟巧合必然到來的那天，你就能肯定的說：「我準備好了！」接下來，就讓我們一起學習如何辨識盲點、避免不幸、逢凶化吉吧！

注釋：
1. 現代輪盤還有綠色的0和00，所以搖出紅或黑的機率個別是46.37%。
2. 我聽過最「不巧」的故事是：一位名叫Maureen Wilcox的女士，在1980年同時買了美國麻省和羅德島的州立樂透彩券，結果兩張都對上了頭獎號碼，但竟然一毛錢都沒拿到！因為，麻省的中獎號碼，是簽在羅德島的彩券上；而羅德島的中獎號碼，是簽在麻省的彩券上！

概論

introduction

幸運透視眼

　　這本書的主題叫「幸運透視眼」，是因為我希望能幫助讀者看清一些盲點。

　　我們的眼球裡各有一個盲點，就在視網膜神經連結至大腦的匯集處。要找出自己的視覺盲點非常簡單，相信各位小時候都有玩過這個遊戲：

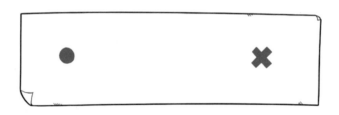

　　閉上你的左眼，用右眼注視左邊的點點。盯著它看的同時，慢慢前後移動你的頭。在某個地方，你將發現右邊的叉叉會完全消失，那表示叉叉正處於你右眼的視覺盲點。這時候不要移動！張開左眼，閉上右眼，用左眼注視右邊的叉叉，你會發現左邊的點點也消失了！找到一隻眼睛的盲點，另外一隻眼睛的盲點通常會在同一個對應位置。

　　視覺盲點神奇的地方，在於它看起來不是一個「洞」，因為大腦會自動把畫面填補起來。如果紙的背景是白色的，大腦就會填上白色；但如果換個背景顏色，大腦也會自動換色，就像一個立即又聰明的PhotoShop插件。

　　這是大腦很了不起的地方，讓我們有「自動填空」的本領，完全不需要經過思考。心理盲點也有異曲同工之妙。

　　所謂的心理盲點，指的是對於事情判斷的偏誤（bias）、謬誤（fallacy）和捷思法（heuristic）。這些都屬於大腦天生的演算技巧，目的是讓我們能更快速的評估安危，做出「直覺性」的反應。

　　舉例來說，許多人看到權威的象徵（例如說是身著醫師白袍的人）就會變得很聽話，甚至到「盲目服從」的地步，這與我們身為社群動物有很大的關係。

　　因為每個成員必須遵守權威，群體才能夠和平相處，久而久之，這種「順從合作」的程式就成為了一種基本態度。這雖然有助於社會和諧，但如果有心人懂得運用這個心理，就能夠假裝權威，劫色騙財輕易得逞。

　　就像視覺盲點一樣，我們自己很難察覺到心理盲點的存在。一般人都覺得自己能夠理性思考、公平判斷、就事論事，殊不知大腦更善於貼上安慰自己的OK繃。

　　例如許多人常犯的「驗證性偏誤」（Confirmation Bias），會使我們自動篩選與自己成見相符的資訊，而自然去忽略相反的意見，

這本身就是一個保護自己心理的機制。這些盲點，就形成我們思考的死角。

講到死角，開車時也會有所謂的「視覺死角」，位在駕駛座左右手邊90度的位置。

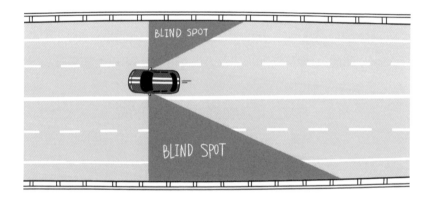

因為這個區塊不容易在後照鏡中看到，所以要切換車道時，我們也得查看一下視覺死角，才能確保行車安全。這是基本行車技術，經常練習就會成為習慣。

也因為我們知道其他駕駛同樣會有這些視覺死角，當我們開在高速公路上時，也會盡量與旁邊的車子錯開，避免自己進入其他駕駛的視覺死角。

延伸這樣的比方，倘若我們知道自己的思考盲點，下次面對

問題時就能先提醒自己，用不同的角度交叉確認，同時也避免讓自己落入別人的謬誤盲點。

雖然我們很難預測命運會丟出什麼變化球，但我們可以設法去理解，判斷自己可能出錯的地方。當我們再次遇到一些小小的不如意時，就有機會可以事先預防，避免連環效應而造成更多的不幸。這也是我希望這本書能夠帶給大家的幫助。

本書分成三個部分，談到人最容易遇到的幾種不幸：

PART1. 避免意外帶來的不幸

意外永遠都在意料之外，但是你知道嗎？碰到意外時，有些本能其實是非常不利於生存的。在這個部分，我們將會探討可能釀成意外的心理盲點，以及當意外發生時該怎麼及時處理，才能避免禍不單行的窘境。

PART2. 避免受騙帶來的不幸

社會上的騙局不勝枚舉，而且日新月異。但這些受害者往往都是自願者上鉤。騙子運用人類心理的弱點，甚至把聰明人騙到執迷不悟的地步。這部份將介紹三個讓人容易受騙的心理盲點，

希望你認識它們之後，能夠變得更精明，眼睛更雪亮。

PART3. 避免小人帶來的不幸

　　小人難防，所以才是小人。如果想要預防小人，就必須換個方法，不能用他們可能會說的話或是使出的招數來做對策處理，而是要完全換個角度看待小人這種「生物」。希望看了這部份的論述之後，不僅能讓你對於應付小人有些心得，甚至讓你更懂得如何經營平日的人際關係。

如何使用這本書

　　我在前作《Get Lucky! 助你好運》裡，提供了九個成就好運的生活習慣，目的是希望你能夠天天練習，以便為自己創造更多幸運的機會。

　　相對來說，這本續作《幸運透視眼》介紹的是觀念，目的是增加你的心理常識。如果說第一本是 read for practice，讀是為了練習；這一本則是 read for understanding，讀是為了理解。

　　有些書會增加我們醫學和飲食的常識，讓我們更加懂得如何照顧自己、獲取健康。同樣的，透過這本書，我希望我傳遞的是最新的心理觀念，讓你對自己的神祕大腦有著更深的認識。如此

一來，當你下次碰到出乎意料的狀況時，你就更能夠懂得分析、理解，甚至能夠避免不幸的結果。好的，那就介紹到此。接下來，就讓我們開啟自己的「幸運透視眼」吧！

調整後照鏡，減少開車的視覺死角

對許多汽車駕駛來說，視線死角是一個容易造成交通意外的原因，但其實這個死角是可以減少，甚至消除的。

一般駕駛在調整兩側的後照鏡時，習慣會讓自己的車身占滿鏡面的1/3。但是在這種角度下，駕駛只能看到車身的正後方，也就是透過車內後照鏡就能看到的區域。為突破盲點，應調整兩側後照鏡至最大視野，讓駕駛能清楚看見車身側邊的區域。

只要按照以下步驟調整你的後照鏡，就不會產生視線死角了！

正確調整後照鏡

首先，調整車內後照鏡：坐在駕駛座上，讓自己能透過後照鏡看到車身的正後方，勿偏左或偏右。

接著，調整左側後照鏡：坐在駕駛座上，將身體盡量向左側傾斜，直到你的頭碰觸到駕駛座車窗的玻璃。用這個角度把左側後照鏡的視角逐漸往外調，使你在後照鏡裡，幾乎看不到自己左側的車身為止。

然後，調整右側後照鏡：坐在駕駛座上，盡量把頭挪到兩前座間，將右側後照鏡向外調整，至幾乎看不到自己右側的車身為止。

確認無視線盲點

當你行駛在道路的右線時，發現左後方有車輛要超越你，在不轉頭查看的狀態下，從車內後照鏡查看對方的動向。在它即將從車內後照鏡中消失前，會隨即出現在左側的後照鏡中，而當它繼續前進，超出左側後照鏡的範圍時，應該就會進入你前方的視線範圍內。

以同樣的方法確認右側後照鏡。在你試圖超越右前方車輛時，該車會從你的視線內轉移到右側後照鏡，隨後進入車內後照鏡。

如果你有正確調整後照鏡，即便你不轉頭查看側邊，也不會有視線盲點。這樣的最大好處，就是讓你開車時能一直面向前方，若前面突然煞車也能來得及反應。養成如此習慣，可以大大減少交通意外的發生。

part 1

避免意外 帶來的不幸

chapter 1

粗心大意的真相

許多日常生活中的不幸，都來自於一時間的粗心大意，讓我先從自己的糗事講起。

不久前的某天，我一個人在家裡，正準備出門搭高鐵去南部演講，這時老婆打電話來：

「老公，我忘了帶家裡的鑰匙，所以你等會兒出門，一定要把鑰匙留給樓下的管理員，不然我跟孩子們都進不了家囉！」

「OK，沒問題！」我回答。

「千萬不要忘記喔！」她特別叮嚀。

老婆很了解我，她知道當我在準備活動時，腦袋裡基本上是少根筋的。我也怕自己忘記，所以一掛上電話，就先把鑰匙放進褲子口袋，以便到樓下馬上交給管理員。

我按例打電話叫計程車、收拾電腦、洗臉刷牙、穿鞋鎖門、搭電梯下樓，同時心裡不斷唸著：「別忘了鑰匙！」

走出電梯，迎面撲來一陣熱風。哇，今天至少有35度吧！

我快步穿過社區中庭，透過大廳的玻璃門，可以看見計程車已經到了。於是我加快腳步，跟管理員打聲招呼，跳上計程車，直奔臺北車站。

高鐵加速的咻咻聲伴隨著車廂微微的震動，讓我昏昏欲睡。「最好先打個盹，到高雄才有精神。」我心想：「但回來時就不能打瞌睡了，因為那時候已經很晚了，怕回家後會睡不著……」

「……回家！」

一陣晴天霹靂，我從頭皮麻到腳底，爆出一身冷汗。

回家……噢！天哪！鑰匙！

就在這時，手機響了。

老婆的聲音冷到結霜：「鑰、匙、在、哪、裡──？」

可憐的老婆，不得不帶著兩個孩子在外「流浪」了大半天。當時兒子才一歲多，老婆還得在外面買尿布、奶粉，再跟鄰居借廁所。當我晚上終於趕回家時，見到他們三人在門口疲憊等候的樣子，恨不得自己鋪上算盤，跪地磕響頭了！

我這個糊塗蛋！難道沒把家人放在心上嗎？為什麼前一刻還在提醒自己的事，後一刻就忘得一乾二淨呢？

別讓粗心釀成悲劇

2014年7月7日，是讓凱爾・賽思（Kyle Seitz）這位父親後悔一輩子的日子。

當天早上，因為太太有事，凱爾上班前要先載一歲多的兒子班傑明去托兒所。他小心翼翼的把班傑明放進後座的安全座椅、綁起安全帶後再開車出門。

這條上班的路線，凱爾已經開過無數次了，他熟悉到不能再熟悉。他想著這一天在公司裡要做的事、接下來要開的會議……哎呀，一個閃神，他錯過了前往托兒所的路口。

「沒關係，先買杯咖啡再說吧！」凱爾心想。於是他拐彎到商店買了咖啡，然後繼續開車去上班。到了公司，凱爾停好車、鎖好門，工作了一整天。

下午五點多，他回到托兒所接小孩。

「你兒子今天沒來啊！」托兒所的人說。

剛開始，凱爾還很困惑。

「奇怪，我今天早上不是先送他過來再……」

根據目擊者形容，凱爾當下有如觸電般、拔腿衝出托兒所，不久之後，停車場就傳來了一陣慘痛的叫聲。

當凱爾的太太趕到醫院，見到先生哭得漲紅的臉，她知道，一切都已經太遲了。

雖然當天戶外只有攝氏二十七度，但在日曬下，車內的密閉空間卻熱到足以把蛋都蒸熟。根據法醫的檢驗報告，小班傑明由於身體過熱，導致器官衰竭致死。

多麼令人痛心的悲劇啊！

而這竟然不算是罕見的意外。光是在美國，平均每年夏天都會有四十個小孩在車上中暑致死，在全世界卻未報案的數字應該會更多。

就在我撰寫這篇文章的當天，佛羅里達州同時也發生了一起「熱車嬰兒」（hot car baby）事件，過程幾乎一模一樣。事件中的父母親是華裔，還是當地法院的檢察官。

你可能會想：父母親怎麼可能會那麼粗心大意呢？那是自己的心肝寶貝耶！

每次有這種新聞，網上的留言總是充滿了各種罵聲。

「根本就是故意的！」

「這種人不配當父母！」

「我多糊塗也不可能犯這麼不可赦免的大錯！」

從警方歷年的報告來看，其實任何人都可能會犯這種錯誤，而且不分學歷、智商或者家庭收入。凱爾・賽思是電腦工程師，太太是律師，兩人都享有高薪穩定的生活。而一時的粗心大意，竟然讓幸福美滿頓時變成了一場噩夢。

一時的粗心，誰都會有，通常也沒什麼大礙。問題是，如果哪天忘記的不是鑰匙、雨傘或錢包，而是更重要的東西怎麼辦？「鑰匙事件」是個警惕，提醒我絕對不能再那麼掉以輕心。

但為什麼明明是放在心上的事，卻還是會瞬間忘記呢？

進一步研究後，我發現這不是多吃銀杏、多喝咖啡就能解決的問題，而是一個「習慣」加上「分心」所造成的狀況。

人難免都有粗心大意的時候，但我相信，只要你能了解背後的原因，就有機會預防這種盲點所造成的不幸。

你今天刷牙了沒？

為什麼人會粗心大意？主要原因有三：

1. 「恍神」：當我們睡眠不足、壓力大、喝了點酒，神志不清的時候當然容易出錯。
2. 「閃神」：當我們忙起來，尤其是同時要處理好幾件事的時候，更容易分心而出紕漏。
3. 也是大多數人不知道的原因：因為「省電」。

什麼？是的，省電。為了節省自己的腦力！

人腦不過1.5公斤重，消耗的熱量卻占了全身的五分之一。它就像是電腦的中心處理器，思考時會使用很多的能量。現代的筆記型電腦有著各種快取功能和自動變頻的CPU，而我們的大腦經過了千萬年的進化，也發展出各種節省腦力的技術。節省腦力就等於節省體力，讓我們吃少一點也能夠存活，所以省電不只是因為懶和喜歡放空而已。

大腦的省電方式，就是建立「習慣」。一件事情在重複做了幾次，開始熟練之後，許多動作就會被自動化，變得比較不需要花腦筋思考。舉例來說：

你今天刷牙了沒？有嗎？你怎麼知道？

對大部份的人來說，這沒什麼好問的，因為起床後本來就會刷牙，我們從小到大都是這樣。而刷牙的動作，也是我們常年的習慣，不需要經過思考。

有時候，我睡眼惺忪的踏進浴室，刷完牙仍然是半夢半醒，要不是嘴巴感覺涼涼的，我還未必知道自己剛才做了什麼[1]。

慣性行為就像是一套寫好的程式，讓我們熟能生巧，還可以同時做更多事情。如果沒有這個省電模式，那我們可能就學不好鋼琴、打不好網球，而且搞不好出門半天就累癱了！

省電模式的好與壞

透過動物和人類實驗，學者發現慣性行為分為幾個階段[2]：

CUE-ROUTINE-REWARD

首先，慣性行為需要一個指令CUE。當指令出現後動作才會開始執行，而這個指令，往往來自於環境中的提示。CUE可以是個東西，也可以是聲音、味道或是一整個環境的氛圍，例如：

*   聽到鈴聲，我們就會四處找手機。鈴聲就是CUE，啟動的是「接電話」的行為。

- 早起走進浴室就會開始刷牙、開水龍頭洗臉。早晨和浴室是CUE，啟動的是我們「晨間盥洗」的行為。

- 進辦公室上班，就會開始打卡、泡咖啡、開電腦收信……

當大腦察覺到指令CUE，便會喚起相對的程式ROUTINE。ROUTINE就是我們已經養成的習慣，可以自動完成的行為。這也是最省腦力的階段。

而當ROUTINE執行完畢後，最後一個階段則是REWARD。REWARD不一定是「獎勵」，而是任何習慣期待的結果，例如：

- 對老鼠來說，REWARD就是跑完迷宮後，獲得了起司。

- 對癮君子來說，REWARD就是抽完菸後，可以感受到尼古丁的微暈。

- 以刷牙而言，REWARD就是嘴巴裡面涼涼的薄荷味。想像一下，如果你刷完牙後，嘴巴裡竟然是牛排的味道，難道不會覺得很奇怪嗎？

CUE-ROUTINE-REWARD這三個階段，構成了我們最基本的「慣性迴路」（habit loop）。在這個迴路裡，我們的大腦在尋找CUE和REWARD的時候最活躍，在執行ROUTINE的時候最可能心不在焉。

執行ROUTINE時，我們通常會運用節省出來的腦力思考去別的事情，例如：今天出門要穿什麼衣服、早餐要吃什麼等等。根據南加州大學心理學教授溫蒂吾德的研究估計，一般人的生活裡有四成的行為都屬於慣性[3]。

慣性所帶來的省電模式有好有壞。好處是，我們有不少時間可以放空或想別的事，幾乎像是一心二用；壞處是，慣性迴路的效果很強，一不注意就會蓋過其他的思緒。

突如其來的失憶症

你是否曾經為了尋找某樣東西而快步走進一個房間，結果在開燈之後，卻完全忘記要找什麼？

這是因為，當你走向房間時，整個過程都處於半自動狀態，很可能你同時也在想別件事。這時候，如果突然再進入一個充滿了各種CUE的熟悉環境，你可能會在開燈之後心想：「不對啊，我進來臥室不是要睡覺，那是要幹嘛？」然後傻乎乎站在那裡，好像夢突然醒了一樣。

但這並不代表你的記憶衰退，而是你在半自動的省電模式下分了心，又被環境中各種CUE打亂了思緒，所以你也不用太急著去買銀杏和補腦丸。當然啦，如果這種事一直不斷發生，你最好還是去做個檢查。

慣性迴路害了我

慣性迴路可以很頑固。

一旦大腦認定：「這是我應該做的事。」其他插曲可能就會被忘得一乾二淨，而且這種分心狀況不一定只會發生在無關緊要的小事情上。

以「鑰匙事件」為例，因為我經常從家裡坐計程車趕高鐵，從叫車到出門下樓都屬於同一個ROUTINE，整個流程已經成為了我的慣性動作。

當時我一踏出電梯，迎面撲來的熱風可能造成一時的恍神，這時候看到計程車出現，就立刻啟動了上車的ROUTINE。我加快腳步，甚至還按照習慣跟管理員打了聲招呼，緊接著就跳上車，一氣呵成。幾秒前還在提醒自己不要忘記的鑰匙，因為屬於慣性迴路外的「插曲」，就在那一刻完全忘記了。

凱爾・賽思的不幸遭遇，也有類似的特徵：他當天按照習慣開車，所以一開始就錯過了轉彎去托兒所的路口；但當時他為圖方便，又先按照習慣給自己買了杯咖啡。那杯咖啡很可能啟動了他另一個ROUTINE：喝下那口咖啡，大腦便「確認」自己已經要開始工作。這時他的兒子雖然還在後座，但很可能因為睡著了而沒有聲音。凱爾平常應該沒有養成下車前查看後座的習慣，所以鎖上車門就上班去了。

美國對於「熱車嬰兒」事件做了很多研究，發現每次幾乎都按照同樣的劇本發生：

父母親某天別於往常要帶著孩子出門，坐在後座的孩子因為睡著了而沒有出聲；父母親當時正在想別的事情，停車後便順手鎖門。一旦踏進了熟悉的環境，啟動了另一套慣性行為，孩子就完全被他們忘記了。

一份相關的調查報告顯示，每四位家長和保母中，就有一位曾經不小心把孩子忘在某個地方！有很多時候，人們都能夠及時發現疏失，頂多讓孩子受到點驚嚇，但偶爾還是會有悲劇發生[4]。愈忙碌、愈煩躁、愈在習慣的環境中趕著完成事情，就會愈容易落入慣性的不自覺狀態。

我老婆平常比我細心多了，但她也曾經粗心大意過好幾次：她原本要趕在出門上班前，把一袋乾洗衣服交給管理員，但到了公司才發現袋子還拿在手上。

我很感謝老婆能夠諒解我的疏忽，但也不禁會想：如果疏忽的不是一袋乾洗衣服，而是一袋現金；如果不是鑰匙，而是自己的孩子，那情何以堪[5]！

準備，在事情發生之前

所以，要避免粗心大意，請記住：

1. 務必要睡飽，放鬆心情，把重要的事安排在整天精神狀態最好的時候處理。
2. 列一張清單，把要做的事情先寫下來。等清單上的事情都做完之後，再去處理別的事，並養成定期查看清單的習慣。如果你想要鍛鍊自己的大腦，也可以練習method of loci位置記憶法（請參看P.47）。
3. 放隻「蟲」擾亂自己的慣性迴路。

這需要一點解釋：

1945年，哈佛大學的電腦系統出了問題。當時一臺電腦幾乎占滿整個房間，裡面密密麻麻的都是電線。教授爬進裡面檢查，找出了問題：有一隻蛾飛到線路板上，造成了短路。教授把飛蛾抓起來，黏在記事本上，並寫著：「抓到了蟲」。

從此之後，「除蟲」被用來指解決電腦程式的問題，也成為工程師們慣用的稱呼。

電腦工程師想辦法除蟲，我們則是要「放蟲」，怎麼說呢？

假設你今天要先送小孩去托兒所後再去上班，上車時，請你先把手機和公事包放在後座的安全座椅旁。當你要下車時，發現手機不在身邊，就會擾亂你的慣性迴路，終止自動狀態。

放蟲的概念，就是刻意製造出一個錯誤，讓平常的自動模式中斷，達到適時的提醒效果。

放蟲也講究技巧

「放蟲」還是需要幾次嘗試錯誤後才能搞定。我剛開始練習放蟲時，就曾經犯過這樣的錯誤：

某天，我又準備要出門演講。因為我用的電腦是 Macbook，需要一個特殊的轉接頭才能接上一般的投影機，但是很少有場地會提供這種接頭，所以每次我都會自己準備。

通常，這個轉接頭就放在我的隨身包裡，但是當天我正好要換個背包，所以就先把轉接頭放在桌上，打算等等一起裝進另外一個背包裡。但到會場後我才發現，轉接頭還是忘了帶！

我犯的錯誤就是：以為自己「看得見，就會記得住」。

雖然我把轉接頭放在桌上醒目的位置，但看過一、兩次後，大腦便對它產生熟悉感，而不再特別留意。這時我又在趕時間，滿腦子都在想演講的內容，在半自動又分心的狀態下收拾背包，所以即使就在眼前，竟然還是視而不見。

這就像是不少人接到帳單，如果當下未能處理，就會把帳單放在桌上提醒自己。

問題是，時間拖久了，每天看到那張帳單，反而會對它愈來愈沒感覺，直到帳單被其他信件蓋過，也就忘得一乾二淨，直到催繳通知寄來。

同樣的，有些人出國前會把護照等重要文件放在桌上，想要等最後再收拾，結果趕到機場，才發現護照竟然忘了拿。

如果你也曾經幹過這種傻事，請你記住：**不要把書桌當成你的待辦清單**！這麼做不但會讓你很快就習慣桌面的樣子，失去提醒的效果，還會讓你更難找到該找到的東西。

所以「蟲」不能只出現在周遭的環境裡，而是要在擾亂慣性行為的途徑上，冒出來的時才會有出其不意的效果。

舉例來說，出門時我一定會鎖門，所以可以把轉接頭跟鑰匙放在一起，就不容易忘記；或者，出門時我一定會檢查是否有帶手機，所以也可以把轉接頭跟手機放在一起。

再不然，就把轉接頭放到鞋子裡吧！當然，我得先確定自己今天要穿哪雙鞋。

同樣的，倘若你今天別於往常要帶寶寶出門，不能只是放塊尿布在公事包裡。你應該把公事包、手機還有辦公室鑰匙都放在寶寶旁邊，這樣比較保險。

或者，你可以先打個電話交代祕書：「今天看到我的時候，記得問我是否把孩子帶出來了！」如果你沒有祕書，但知道自己一進辦公室會習慣先看電子郵件，也可以事先寄信給自己，主旨寫明：「孩子在哪裡？」

或者，用手機設鬧鐘，在你平常到公司的時間響起。重點是：**要刻意擾亂慣性迴路，才能讓自己跳脫半自動模式。**

> 讓我們難以看清這個世界的，
> 不是它的怪異，而是它的平凡。
> 習以為常也會使人盲目。
> ──波西格《禪與摩托車維修的藝術》

一位母親和妻子的勇敢決定

2015年4月，凱爾‧賽思在律師的陪同下出庭，等待法官的判決。

經過一番調查，凱爾被檢察官以「刑事過失殺人罪」起訴。他坦誠自己的疏失，表示願意接受法律上任何懲罰。

但法官宣布：「我認為，賽思先生已經承受了足夠的煎熬。他給自己的責備超過了我能夠給與的責備。我不願意再懲處他，因為傳統的懲罰不適用於這個情況。」法官允許凱爾‧賽思當庭獲釋，回到家人身邊。他們全家隨後搬去了科羅拉多州，展開了全新的生活。

凱爾的太太琳賽（Lindsay Rogers-Seitz）是個了不起的堅強女性。她不但原諒了凱爾的過失，還展開了一連串的推廣行動，與車商研究安全科技，並提案修法強制安裝這些科技，讓未來的父母不會再碰到與她相同的遭遇。

琳賽在美國《時代雜誌》的專訪，看了令人動容。

「那天晚上在醫院急診室裡，我做了一個決定。我可以歇斯底里的失控，或者把全家團結起來，一起做一些正面的事。」她說：「我已經做了我的決定。我要拯救別的孩子，來重獲我兒子曾經帶給我的幸福[6]。」

你可以從賽思家庭成立的部落格和網站，持續關注熱車嬰兒的議題：www.thegiftofben.com。

再也不忘記東西的方法

如果你出門經常忘東忘西，也不用太自責。可能生活實在太忙碌，使你太容易分心。這個狀況能夠徹底改善，但你一定要練習。

方法一：列張清單，貼在門口

或者擺一個白板或記事本。這個方法最直接，但出門前一定要記得查看清單，也要養成隨手把東西寫在清單上的習慣。有清單但忘了寫，或是寫了卻忘記看，就一點效果都沒有。

方法二：筆記在常用的事物上

這年頭，很少人出門會忘記帶手機，所以我們可以把重要事項寫在一張便利貼，再把便利貼黏在手機上，出門時拿起手機就能看到提醒。當然，你也可以用記事本 APP 來代替便利貼，但最好還是要設定鬧鐘，讓手機提醒你查看清單。

方法三：位置記憶法

這個古希臘人就在使用，也是最環保的記憶法叫做 Method of Loci（Loci 是拉丁文「地方」的意思）。它所依賴的，就是大腦對「空間」記憶的優勢[7]。

閉上眼睛，你可以很輕易想像自己在家裡面走動，還有每個房間的位置和擺設。你甚至不必花費太多力氣，就能大致記得每個房間裡擺了什麼東西吧？這些物品如果列成一張清單，八成很難記得起來，但因為它們已經在你腦海的「空間地圖」裡，所以你就能夠輕鬆記住。Method of Loci 的運用方式，就是把你要記住的東西，分別「置入」你所熟悉的空間裡。

首先，請在頭腦中創建一幅熟悉的場景，並為這個場景選定路線。在這條路線上選定一些特定的點，然後將所有要記憶的東西都視覺化，並依序和這條路線上的各個點連結。當你在回憶時，只要依循這條路線

的各個點行進，就能輕易想起你想記住的東西。

例如：你設定的場景，是從家裡走到公車站的路線。沿途有書店、郵局、電影院、幼稚園和便利商店，而你想要記住的物品分別為奶粉、奶油、麵包、啤酒和香蕉。你可以在物品與沿途店家間進行下述聯想：書店裡到處瀰漫著奶粉，郵局裡的人都用奶油貼郵票，電影院裡所有的座位都是用軟綿綿的麵包做成的，幼稚園正在舉辦啤酒試喝活動，便利商店掛滿了一串串香蕉。

這種聯想愈奇特愈好，位置記憶法在有記憶順序需求時特別好用，古代羅馬元老院的政治家們也常常用這種方法來記住自己演說的要點，但他們會把原本的「空間」換成「身體部位」。

例如：記憶的項目依序為陽傘、海灘球、衝浪板、玻璃瓶、聽診器、錢包、床單、生魚片、針筒、坦克車、蟑螂、長頸鹿、鎖鏈、椰子還有樹葉，然後把身體部位由上而下分成頭頂、眼睛、鼻子、嘴巴、耳朵、脖子、胸部、腰、肚臍、屁股、大腿、小腿、腳踝、腳趾跟腳底。

此時，運用想像力，把物品與身體部位連結起來，請在心裡面想像這樣的畫面：眼前有個男人頭頂戴著陽傘，眼睛裝了兩顆海灘球，鼻子平坦得像一塊衝浪板，嘴巴含著玻璃瓶，耳朵戴著聽診器，脖子上掛了錢包，胸口披著床單，腰上綁著新鮮的生魚片，肚臍上插著針筒，屁股巨大得像坦克車，大腿上停著一隻蟑螂，小腿跟長頸鹿一樣長，腳踝被鎖鏈綁著，腳趾腫得跟椰子一樣大，腳底踩著樹葉做成的鞋子。

運用 Method of Loci，你就能輕易在一分鐘內背好十五樣物品，甚至可以倒著背，這樣的方法任何人都學得會，而且能輕易運用在生活中。一般人對畫面的記憶力遠比對數字與文字強，所以透過 Method of Loci 完成的記憶通常不太容易被遺忘。

最方便的是，你再也不必為了要隨時寫下重要的事情而攜帶紙筆，如前面的例子，只要把物品與身體部位連結起來，當你使用該部位時，就會想起對應的物品。

Method of Loci 是結合個人想像力及創造力的記憶法，剛開始運用時或許你會有點不習慣，但透過一次次的磨練，讓你的觀察力、想像力、聯想力及創造力隨之增加，出門就再也不怕忘東忘西了！

注釋：

1. 將近一百年前，美國Pepsodent牙膏銷量遠遠超過其他牙膏。因為只有這款牙膏添加薄荷成分，讓人明顯有刷完牙的感覺。後來其他品牌也跟著效法，紛紛加入了薄荷的味道，這才拉近了銷量的差距。

2. 查爾斯·杜希格在《為什麼我們這樣生活，那樣工作？》這本書中總結了許多相關研究，並且把習慣的思維帶入商場。說明改變迴路，可以深刻影響消費者行為，甚至改變公司文化。很值得推薦的一本延伸閱讀。

3. http://www.sciencedaily.com/releases/2014/08/140808111931.htm。

4. 美國以前鮮少會有熱車嬰兒意外，因為父母親會讓孩子坐在前座。後來因為汽車都加裝了安全氣囊，而氣囊的衝擊力道容易導致前座兒童受傷，所以法令規定兒童必須坐在後座的安全座椅上。但是這麼一來，許多家長如果忘記查看後座，就會把孩子遺留在車裡。1990年，當安全氣囊不算普遍時，美國僅有五件熱車嬰兒猝死事件，但隨著安全氣囊普及化，熱車嬰兒的案例也跟著爬升；到了2000年，一年就發生了三十五件熱車嬰兒的悲劇。

5. 一袋現金的事還真的發生過。我認識一位醫生太太，某次從銀行領了一袋現金，回家時因為忙著找車鑰匙，所以把現金暫時放在車頂。但找到鑰匙後她卻直接把車開走，那袋現金就在路上隨風飄揚了！

6. Justin Worland, "Who's at Fault When a Child Dies in a Hot Car ?" *Time Magazine*, Sep 2, 2014。

7. 研究顯示，我們腦中的海馬迴有一種特殊的細胞，像格子一樣對應著外在的空間。這種「位置細胞」讓我們能記住曾經去過的空間，也可能是為什麼Method of Loci能夠有別於一般記憶而特別難忘。

40%
在一般人的生活當中有
許多活動屬於慣性行為

CUE

ROUTINE

REWARD

HABIT LOOP
心理學家稱這種行為叫慣性迴路

慣性迴路使人進入半自動模式
讓人容易變得粗心大意

為什麼意外經常會發生 1

避免慣性迴路
其實你不是故意要不小心
只是你的大腦在省電模式

I FORGET MY BRIEFCASE

對付慣性迴路的方法

睡個好覺
用充足的睡眠放鬆心情
把事情安排在最佳狀態處理

列張清單
把要做的事情先寫下來
並養成定期查看清單的習慣

放隻臭蟲
擾亂慣性迴路終止自動狀態
以達到適時的提醒效果

chapter 2

臨場反應的真相

「千川，這個週末去海邊玩好不好？」

我興奮的問我的兩個小孩。

「可是海裡有鯊魚會咬人耶！」

他們竟然這樣回應。

天啊！他們還不到五歲，就已經對鯊魚有那麼恐怖的想像。

鯊魚真的這麼危險嗎？每年有數億人在海邊遊玩，平均每年有十個人死於鯊魚攻擊，但每年卻有兩億隻鯊魚死在人類手裡[1]。我們對鯊魚遠比鯊魚對我們危險多了！

千川對鯊魚的印象只有之前在水族館看過，其他都要歸功於繪本、卡通和愛說故事的大人。誰叫鯊魚長得如此凶狠，而且還是好萊塢明星？自從當年被史匹柏捧紅之後，「大白鯊」就成了海裡最可怕的生物，其惡名遠超過實際的威脅。

但你知道嗎？有一種看似天真無邪，許多大人小孩都很喜歡的動物，每年卻造成至少兩百人死亡、一萬多人受傷、超過一億美金的作物損失。猜猜是誰？

答案是：鹿。

沒錯，就是那隻眼大大、腿長長的「班比」。

還記得某次，我跟美國好友在新英格蘭區的鄉間小路開車。天色漸暗，朋友警告我：「你得特別小心！這裡的鹿又多又笨，牠們會突然從森林裡衝出來，看到車子也不會躲！」

「怎麼會這樣？動物見到車燈，不都拔腿就跑嗎？」

「不，牠們反而會停下來看你，好像存心要被撞似的！」

當時速一百公里的轎車，撞上三百公斤的雄鹿，結果往往是人鹿共盡。那些「小心鹿」的警示牌可不是開玩笑的！

英文還有句成語：Like a deer in headlights（就像是一隻面對車燈的鹿），用來比喻人驚慌失措而動彈不得的模樣。

在大自然，小動物遇見獵食者，有時也會僵住，甚至裝死。這種求生的本能叫fear bradycardia。但鹿基本上不算是小動物，跑得又快，照理來說不應該會有這種反應。

後來，動物學家才發現，這些鹿會突然停下來，是因為牠們的眼睛瞳孔太大，遇見強光來不及收縮，導致短暫失明。大瞳孔讓牠們有很好的夜視能力，但這個優勢在公路上反而成為了致命的弱點。

想想看，如果你在快跑時，突然有道強光一閃，讓你什麼都看不見，你會繼續跑，還是停住不動？

事發當下的反應

一陣閃爍，一股撲面而來的灼熱。

接下來的十幾秒，靜文什麼都不記得了[2]。

當她再度回神時，場內只剩下幾處零星的火光。奇怪的是，

只有她還站著，身邊其他人在混亂中統統被推倒在地。

原本擁擠的舞池空了，舞臺燈也滅了。一片昏暗中，她看到遠處有個人坐在地上，身上還有火苗。

瞬間湧上的恐懼感，讓靜文快步往後倒退，但她想起朋友們都還在那裡，於是她又跑了回去。

回到舞池邊，靜文看到了她的朋友。

蕙如和小花站在原地，低著頭東張西望。

「妳們在幹什麼？」

「在找我的鞋子。」蕙如說。

「還在找鞋子幹什麼？快點走啦！」

「不行，我要找我的鞋子……」

「我實在搞不懂，她們那時候為什麼還要找鞋。」後來靜文告訴我：「但是她們很堅持，後來還真的找到了，我們才走。」

到了外場，三個女生才真正目睹了新聞報導中所說的「人間煉獄」：動彈不得的傷患、遍地的寶特瓶和衣物、五彩的粉塵和地上的血腳印。

但真正讓她們害怕的，是那些傷患撕心裂肺般的痛苦哀嚎，還有許多滿臉驚恐的年輕人，不斷呼喊著失散朋友的名字。

靜文從小患有的哮喘，這時開始發作了。

蕙如和小花趕緊把她帶到一旁，按摩她的肩頸，輕聲細語的安慰她，等到靜文稍微舒緩後，才趕緊一起離開。

2015年6月27日，在臺灣新北市發生的「八仙樂園派對粉塵爆炸事故」，四個多月來，總共造成十四死四百八十五傷，其中五人性命垂危。

主辦單位為了助興，在現場大量噴灑彩色粉末，但是易燃的玉米粉在粉塵密度過高的情況下，疑似因接觸火源而瞬間爆炸。當時舞會正處於巔峰狀態，舞池裡擠滿人群，即使只有十幾秒的燃燒時間，仍讓群眾措手不及，才會造成如此多的傷患。

靜文和朋友們原本在舞池中間，後來她們被旁邊的泡泡機給吸引，就擠了過去。不到五分鐘，舞池瞬間爆發火海，一路延燒到她們所在的舞池邊緣。而身上的泡沫和潮濕的地面，可能就是她們得以倖免的原因。

事後一個月講起來，靜文還是心有餘悸。

「我不懂為什麼蕙如跟小花可以保持那麼冷靜。」她說。

「我比較好奇的是，為什麼妳當下的反應比較快？」我問。

「不知道耶，我一開始也傻了。大概有十幾秒，我的腦袋是空白的。不過我回神後的第一個反應就是：趕快離開！」

訪問快結束時，她又跟我分享一個了故事：

「差不多兩年前吧，我曾經在看電影的時候遇到地震。當時搖晃得很厲害，大家都從逃生門疏散。我平常走個樓梯就會喘，但那天我連續跑了十幾層樓都沒事，我自己也很驚訝……可能是因為害怕，所以體力變好了吧？」

緊急狀況激發超能力？

曾經有不少報導傳說，人在緊急狀況中會突然獲得超能力。例如母親能徒手搬開汽車救孩子，或是以跑百米的速度衝出火場而毫髮無傷。這些奇蹟般的故事讓人許多相信，碰到緊急狀況，我們的求生本能會被激發，能瞬間擁有像《神鬼認證》中傑森‧包恩（Jason Bourne）那樣快速的反應和力氣。

在大量腎上腺素的催化下，人類確實有可能大幅提升體能。但實際碰到緊急狀況，我們真的有那麼厲害嗎？

根據統計，一般人在緊急狀況下的反應是：

有15％的人會馬上做出正確的求生動作。

有15％的人會驚慌失措，完全喪失理智。

其餘70％，也就是大多數的人呢？

答案令人難以置信。

禍從天降

1977年3月27日，一架載滿乘客的荷蘭皇家航空波音747客機，正準備從加那利群島的北特內里費機場起飛。當時跑道上有濃霧，能見度極差，連塔臺也看不清楚跑道上的狀況。

當荷蘭皇家航空的機長聽到塔臺說「OK」時，以為表示可以起飛，於是油門全開，開始高速前進。

問題是，機長其實聽錯了。一架泛美航空的波音747客機，同時也在跑道上準備起飛。

在濃霧中，雙方終於看到彼此時，已經來不及閃躲了。

荷蘭皇家航空的機長拚命拉高機身，但飛機底部還是擦撞到汎美航空的客機，削破對方機身一個大洞，之後失去控制，航行不到一百公尺後便墜落地面。整架飛機隨即炸成一顆火球，機上乘客全數身亡。

但災難不只如此！當消防隊趕往墜落地點時，竟把濃霧中的黑煙誤認為是荷蘭皇家航空客機殘骸的一部分，而不知道有另外一架飛機在跑道上著火，不少人還等著救援。

保羅‧海克（Paul Heck）是汎美航空的其中一名乘客。當時他跟太太正在座位上等待起飛，突然一陣巨響，機艙突然開了個天窗、碎片飛散、濃煙也大量湧進，火焰更是伴隨著融化的塑膠四處滴落。

他立刻解開安全帶，跳起來和太太說：「快跟著我來！」

海克夫妻衝向緊急出口，發現那裡都是火。機艙左側只剩下一個大洞，連救生梯也沒有。保羅已經管不了那麼多了！他抓著太太的手就往外跑，先跳到飛機左翼，再從那裡跳到地上，終於跑到安全的地方。過了片刻，整架飛機就爆炸了。

至今，「特內里費空難」仍是歷史上死傷最高的空難[3]。荷蘭皇家航空班機上兩百四十八名乘客和機組人員全數罹難，而汎美航空班機載了三百九十六個人，卻只有六十一名生還者，其他人都死在火勢和濃煙之中。

這起事故調查時有個疑點：汎美航空的飛機在爆炸前，還有好一陣子的時間。如果多數乘客沒有在第一時間的撞擊中受傷，又為何沒來得及逃生呢？

保羅‧海克的太太後來向調查人員敘述當時的狀況：

事情發生的當下，她看著四周的火焰，心裡竟然感到出奇的平靜，直到先生叫她起來才稍微回神。當他們衝向緊急出口時，她轉頭看到同行的另外一對夫妻，那兩人還繫著安全帶，端正的坐著，嘴巴微微張開。大部分其他的乘客竟然也是如此，像是在看電影似的。那是她見到這些朋友的最後一面。

消極的恐慌

早在特內里費空難發生的十年前，美國報紙就曾出現過一篇報導，裡面提到一個很詭異的現象，叫做negative panic。

就字面意義來看，panic是驚慌，但negative panic卻不同於我們一般的認知。處在這種狀態下的人反而會異常的冷靜，彷彿沒有意識到自己身陷緊急狀況。

報導引述美國聯合航空的官方估計：在緊急狀況中，85%的乘客會產生negative panic反應，完全不顧自己的安危[4]。

「空服員一定很難理解，人都有求生的本能，可是為什麼會有那麼多人在驚慌中無法行動？」聯合航空的空安訓練教官說：「但我們必須記住，對於多數的乘客來說，飛機是個多麼陌生的環境。」

現在你應該知道，為何每次飛機起飛前，空服員一定會詳細解釋緊急應變措施了吧？

但問題是，有幾個人會仔細聽，又記得住呢？

老神在在的偏見

事實上，negative panic是個非常嚴重的問題，也是緊急救護人員都深知的危險狀況。事情發生時，十個人裡面可能有七個人不會行動，不但錯失關鍵逃生機會，甚至還會連累其他人。

那negative panic是怎麼產生的呢？有一個可能，就是大腦受到太多刺激，一時反應不過來。面對突如其來的全面狀況時，大腦需要八到十秒的時間來決定行動。在高度壓力下，這個時間可能需要更久。

但奇怪的是，即使回過神，很多人卻還是動不起來，反而還比平常更冷靜，一副老神在在的樣子。

　　最近我去客戶的公司開會時，就親自體驗了這個現象。

　　會議進行到一半，我突然覺得有點搖晃，然後愈搖愈厲害，連正在簡報的人都停了下來。

　　「地震。」有人說。

　　「是啊，地震。」有人回應。

　　「還不小。」

　　「嗯。」

　　大家互相看著彼此，手擺在桌上，一副準備站起來的樣子，實際上卻沒有人動作。

　　十幾秒過去，隨著搖晃的感覺減弱，簡報的人又繼續簡報，大家也都一如往常，雖然有幾個人在這時候偷偷拿出手機傳簡訊給家人。

　　就我所知，碰到地震正確的求生做法，不是應該要：

1. 　立刻離開窗戶
2. 　蹲低保護頭頸
3. 　躲到桌子下面並抓住桌腳

執行所謂的DROP-COVER-HOLD嗎？

　　假如搖晃時立刻有人大喊：「躲到桌子下面，保護頭頸！」我相信很多人會跟著做。

　　然而，長達半分鐘的搖晃過去了，會議室裡的每個人都只有你看著我，我看著你。那種尷尬的感覺，就像會議被某人的手機鈴聲打斷，大伙兒只是等著鈴聲結束而已。

　　遇到狀況時，我們應該主動卻反而被動，還會以別人的反應來決定自己要怎麼反應。

　　如果別人看起來像是沒事的樣子，我們很快就會說服自己：「還好，沒事。」

　　於是大家都假裝沒事——直到有事。

　　1999年在俄克拉荷馬州，一個超級龍捲風來襲，整個地區在事前13分鐘就發布警報，但還是有不少人在路上走來走去，好像不相信風會吹到他們。後來這個龍捲風徹底摧毀了八千多戶人家[5]。

2004年12月，印尼大地震引發了海嘯，當時整個海面都在倒抽冒泡，顯然很不對勁，竟然還有人跑到水邊撿貝殼。那次的海嘯橫掃東南亞十四個國家，造成二十三萬人死亡。

2001年911恐怖攻擊事件，當兩架飛機都已經撞上了世界貿易中心的雙塔，在大家忙著逃生時，竟然還有一千多人花時間登出自己的辦公室電腦。

2015年八仙塵爆，當熱鬧的派對瞬間化為火海，大家連跑都來不及，竟然有人還冷靜的在現場找自己的鞋子。

這就是令人難以置信的「正常化偏誤」（normalcy bias）。

雖然我們內心一團混亂，但外在還是會假裝正常，這可是非常致命的盲點。

反應比較快的15%

經常遭受天災的日本，對於「正常化偏誤」這種心理，做了最多的研究。他們發現，收到緊急狀況的消息後，一般人的反應有個固定流程：

首先，你會看身邊較信任、較熟的人怎麼反應。

然後，你會看其他人怎麼反應。

再來，你會跟家人或親友聯絡。

然後，你會開始準備逃生。

最後，你才會開始行動。

愈是沒有碰過的狀況，人就愈會猶豫，也愈會以別人的反應來決定自己的反應，很多人還會在這個時候安慰自己：「沒那麼嚴重吧！」但生與死，往往就決定在那短暫的分秒之間。

怎麼辦呢？到底該如何突破這個致命的心理盲點呢？

讓我們來看看，那些反應比較快的人，他們做對了什麼。

911恐怖攻擊事件，當第一架飛機撞進世貿大樓時，曼紐·伽耳（Manuel Chea）立刻從他的座位上跳起來，衝向逃生梯，遠比其他同事更早抵達地面。

事後，記者問他為什麼能反應得那麼快。他說，自己小時候在秘魯曾經歷過一場大地震，後來住在洛杉磯時，也經歷過各種大小地震，而911發生的前一年，他的住處發生火災，好險及時逃了出來。也許是因為經驗特別豐富，所以反應比較快吧[6]！

2004年印尼大地震時，有位十歲的英國小女生提莉（Tilly Smith）正與家人在普吉島渡假。當時她發現海面很不尋常，立刻

警告了家人和身邊所有的旅客。因為她及時的警告，她所投宿的飯店沒有任何人罹難。在渡假前，提莉剛好在學校上了一堂有關地震跟海嘯的課，所以認出了海嘯發生的前兆[7]。

特內里費空難的生還者保羅・海克先生呢？他說，因為以前曾經從失火的戲院裡逃生，那帶給他很大的驚嚇，所以往後每到一個新環境時，都會特別留意緊急出口的位置。那天在飛機上，他先閱讀了椅背的安全指示卡，還把出口指給太太看，所以第一時間，他的腦袋裡已經有了必要的資訊，才能夠立即行動。

我父親小時候，家裡也曾經發生過大火。據說，他從火場裡逃出來時，連眉毛都燒焦了。因此，每次出外旅行，一走進旅館房間，我父親一定會先看門上張貼的樓層圖，並向我指出逃生梯的位置。

過去的災難經驗，會讓人更加警覺。但至今仍未遭遇過災難的人們呢？我們有辦法做好心理準備嗎？

要演習，就要到位

日本防災學者一再發現，若想讓民眾擁有正確的求生能力，最有效的方法就是演習。

日本學校的防災教育包括了震災、火災和水災演習。孩子們甚至還會練習穿著日常出外遊玩的便服和鞋襪在池子裡踏水。

要讓孩子知道：「穿著衣服掉到水裡的重量與浮力，跟平日只穿泳衣有何不同？萬一真的溺水了，腦海和身體最起碼會有個印象，才知道該如何脫險[8]。」

反觀我們的社會，往往只圖方便，或是擔心造成他人不便，於是把緊急演習變成一種半吊子的例行公事。

像是我住的大樓，按照法規，每年都會進行火警測試。除了早早在布告欄上通知住戶，測試的當天，還會用廣播一再強調：「這只是測試警鈴系統，住戶不需要理會。」

已經好幾次，我明明聽到警報在響，卻還是繼續處理工作。久而久之，我們是不是就會習慣這種感覺？雖然我很感謝社區對住戶的貼心，但經過這些研究後，我反而開始擔心了。

想想，如果哪天真的發生火災，當警報響起時，大家能立即分辨這次是來真的嗎？

如果不曾走過一趟逃生梯，又怎麼能知道疏散所有居民實際需要花費多少時間？

光是測試警報，卻沒有實際的行動演習，反而會更容易產生「正常化偏誤」的心理，要是哪天真的失火了，大家都還是不以為然。那會是多麼危險的狀況啊！

編輯的火災經驗

我的編輯逸竹在看完這章後,也提供了自己的親身經驗。從中可以看出我們對於意外狀況慢半拍的處理問題:

那是一個很尋常的冬日午後。

偌大的編輯室裡,此起彼落的鍵盤敲擊聲響,交織成一首節奏緊湊的行進曲。就在編輯們專心作業的同時,樓梯間警鈴突然大作,警報也隨之而來。

「——請注意,現在已經發生火警,請盡速往安全門方向疏散。」

大伙停下手邊工作,但卻面面相覷,誰也沒有真正起身逃離現場。

「欸、是測試嗎?」

「不知道,應該是假的吧。」

幾個編輯交頭接耳討論了幾句,又各自把目光轉回到電腦螢幕上。

「所有人員請注意,現在已經發生火警——」

警報又響了一次。

有人四處張望,有人穿起外套,有人依舊無動於衷,但還是沒有人走出編輯室。

空氣中瀰漫著一股既緊張又鬆懈的奇異氛圍。

一串電話鈴響打破了這樣的僵局。主管接聽後,隨即對眾人大喊:「真的失火了!大家快跑!」

整個編輯室頓時就像水入像油鍋裡一樣炸開,大家紛紛存檔關機、整理桌面、收拾物品、切斷電源⋯⋯

最後姍姍離開現場。

運用想像力進行演習

運動教練早就知道：光是靠想像力，也可以讓選手達到練習的效果。

「飛魚」菲爾普斯（Michael Phelps）早年練習游泳時，教練都會讓他在每天睡覺前「看一次錄影帶」，起床後再看一次。

那並非是一卷真正的錄影帶，而是在腦海中想像一場完美的賽事，從跳進水中到抵達終點，包含每一個滑水的姿勢、水中的感覺和聲音。教練要菲爾普斯想像每一個微小的細節，每次實際練習時也不斷叫他：「播放那個錄影帶！」

2008年北京奧運兩百米蝶式競賽，當菲爾普斯跳入水中，突然發現他的泳鏡有問題。不久，整個泳鏡都進滿了水。到最後一段一百五十米處時，他什麼也看不見了。但他沒有因此而慌張，因為之前早已做過準備。他開始播放錄影帶，默數自己滑水的次數：一、二、三……

根據之前的記憶和經驗，估算終點前的最後衝刺。他感覺雙手碰到了終點池壁，便趕緊把泳鏡扯下來，抬頭看計時版：

1:52.03。旁邊加註：世界紀錄。

事後，記者問菲爾普斯，「盲泳」是什麼感覺。

他說：「就跟我想像的一樣[9]！」

67

fMRI（functional magnetic resonance imaging，功能性磁振造影）掃描顯示，當人們專心想像自己在做某一件事，腦部就能模擬出每個動作，簡直就像真的做了一次。

所以，透過想像的過程，並經常「播放腦袋裡的錄影帶」，我們也能夠達到演習和逃生訓練的部分效果。只要練習過一次，都比完全沒練過要好很多。

當你下次住進旅館時，請花一點時間，看看門後的樓層圖，但不要只告訴自己「逃生梯是出去左轉第三個門」。你該做的，是閉上眼睛，想像自己在漆黑中爬出房間。沿著地板摸索，想像你摸到的每一扇門、每一個轉角，一路前行到逃生梯的感覺。當你這麼做的時候，大腦就會建立體驗般的記憶。

而當你下次坐飛機的時候，可以試著一邊聽安全須知，一邊想像自己戴上氧氣面罩、穿上救生衣，從座位一路走到離你最近的緊急出口。養成習慣後，你就會開始累積寶貴的經驗值，大幅縮短你的反應時間。

假使沒有逃生演習可以參加，也建議你花點時間設想：地震或火災發生時，你和你的家人該怎麼辦？

找出最正確的求生方法，建立一個「想像錄影帶」，與家人用「心理演習」（mental rehearsal）的方式想像，同時家裡也請備妥「緊急避難包」，不僅要準備好，而且還要不時拿出來盤點，確保自己能在緊急狀況中快速找到它。

緊急狀況隨時會發生，我們無法預測，但這個章節希望告訴各位的，就是：

光是保持冷靜遠遠不夠，
你需要的是更多的預想。

人在緊急狀況下往往會展現出奇的冷靜，但那只是偽裝自己的慌張，也是一個致命的心理盲點。

不要讓自己成為一隻面對車燈的鹿，你知道該怎麼做了！

CHAPTER 2

注釋：

1. 鯊魚攻擊人類的案件分為兩種：被挑釁以及未被挑釁。未被挑釁的鯊魚攻擊近年來的確有微幅上升的趨勢，主要是因為愈來愈多人進行水上運動，而不是鯊魚展開集體報復。資料來源：國際鯊魚攻擊檔案 http://www.flmnh.ufl.edu/fish/sharks/isaf/isaf.htm。

2. 八仙塵爆事件，我訪問了五位在場的目擊者。他們都很靠近爆炸中心，但幸好都全身而退。為了隱私，我都沒有使用他們的本名。

3. http://www.businessinsider.com/deadliest-plane-crash-in-history-2014-3。網上有許多有關特內里費空難的報導，這篇以故事性敘述，頗為生動。

4. Reported by Robert J. Serling, *Star News*, June 6, 1963。

5. https://en.wikipedia.org/wiki/1999_Bridge_Creek–Moore_tornado。

6. Reported by Kelly Price, "How to Get Out Alive - From hurricanes to 9/11: What the science of evacuation reveals about how humans behave in the worst of times." *Time Magazine*, April 25, 2005。

7. http://news.nationalgeographic.com/news/2005/01/0118_050118_tsunami_geography_lesson.html。

8. https://mayilam.wordpress.com/2015/06/26/求生的教育%EF%BC%8Fmayi/。改寫自一位香港籍母親在日本的生活筆記。

9. http://www.behaviouraldesign.com/2013/10/07/how-michael-phelps-coach-trained-him/#sthash.jj5hsxuh.dpbs。

遇到緊急狀況時

人們會有3種反應——

15%
立刻做出
正確的反應

70%
異常的冷靜
彷彿沒有意識到
緊急狀況

15%
驚慌失措

NORMALCY BIAS

多數人會先觀察別人的反應再來決定自己的反應
這種正常化偏誤讓他們即使內心一團混亂
外表卻還是假裝很正常

WHERE ARE MY SHOES??

為什麼意外經常會發生2

避免被動反應

災難來臨時應該保持冷靜
但是你真的以為冷靜是好？

HOW 如何成為反應迅速的15%

想要有正確的求生能力最有效的方法就是演習
讓自己成為反應迅速的15%

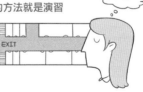

IMAGINE

EXIT

chapter 3

禍不單行的真相

一見到Anna，我先被她腿上那條粉紅色的傷疤給嚇到。

「妳怎麼了？」

「唉，吃飯的時候再告訴你！最近發生了好多事⋯⋯」

Anna是我之前合作過多次的音樂家，從國外著名音樂學院畢業，鋼琴彈得非常好，還錄製過好幾張演奏專輯。

過去幾年，她都在國外深造，先是在紐約，後來又到巴黎。我一直以為她是位家境優渥的千金小姐，直到上次跟她聚餐後，才知道美景並非如此。

「我父親去世了。」她說：「心肌梗塞，走得非常突然。」

可憐的Anna！原來她這次回臺灣，是來處理喪事。

「那是我坐過最長的一趟飛機。」她說：「在巴黎接到消息之後，連忙趕回臺北，一路都沒睡。我是獨生女，要處理的事情很多。我父親沒有留下遺囑，所以按照法律，遺產應該都歸我，但有些一輩子都沒見過的親戚、一群父親那邊的長輩，十幾個人聯手起來對我控訴。在沒有任何權力之下，竟然以為人多勢眾，就可以跟我爭產，實在很讓人心寒！」

Anna所形容的情形，之前也曾有其他朋友遇過，往往大體還在殯儀館，家人就忙著寄送存證信函。喪禮的過程也讓Anna很難適應：因為父親信仰道教，大體也就按照傳統，入土前必須放在家裡，每天燒香誦經。平常穿著時尚的Anna才剛下飛機，一到家門口就得披上孝麻，一路大聲哭著爬進去。

　　「道士擇日說三週後才能入土，我就每天都跪在那裡誦經、摺紙蓮花……但我根本不是道教徒！」她說。

　　「我中間出門幾次，都是去找律師。有次跟親戚約談，對方竟然來了十幾個人，一字排開，氣勢凌人。他們大概覺得那樣能嚇到我，但對於不合理的要求，我絕對不可能會答應！所以他們就氣沖沖的走了，但回到家後，我還得再以孝女的姿態接待這些親戚，心裡真的很憤恨！」

　　某天晚上，身心俱疲的Anna回到樓上房間梳洗。她只記得自己前一刻還站在浴缸裡淋浴，下一刻卻趴倒在地上，怎麼摔的都不知道。她完全站不起來，大腿也劇痛異常，皮底下還凸出來一塊，應該是骨折了！問題是，她一絲不掛，全身都還是濕的，只好忍痛給自己蓋上一條浴巾，費了九牛二虎之力打開浴室門，爬到樓梯口放聲大叫，接著就昏過去了。

　　「很多朋友都以為我還在巴黎，其實我已經回來半年了。」

　　Anna苦笑說：「開刀打了鋼釘，復健還算順利。但親戚那邊還在鬧，我好困擾又好沮喪……實在是禍不單行的一年啊！」

意外的骨牌效應

　　我們都希望能平順的度過一生，但是人生無常，有時候衰事接二連三，讓人完全招架不住。

從醫學的角度來看，Anna 會摔倒的原因並不難理解。

她很久都沒睡好，八成也沒吃好。低血糖加上恍神，淋浴的冷熱溫差也容易造成暈眩。

她有可能是昏倒了，也可能是太累，站著就睡著了，才會在摔倒時來不及保護自己。

研究顯示，連續超過二十個小時不睡覺，人反應遲緩的程度就好比喝了三杯酒[1]。這已經到達酒駕的程度，但有多少人在類似的狀態下依然「合法」上路？我們知道的是，臺灣人的睡眠時間明顯不足，平均每晚只睡六個多小時，排名全球四十五[2]。這的確是個潛在的安全危機。

大家都知道睡眠要充足，但如果說問題只出在睡眠，那未免也太簡單了。

**禍不單行就像是骨牌。
骨牌會全倒，是因為它們的排列，
讓每一張牌都會承受到上一張牌的壓力。**

但在牌牌相撞的過程當中，我們還是有機會伸出援手，及時阻擋，防止連環效應。

　　在這個章節，我會剖析「禍」在身體中所造成的「不單行」效應。我會以最新的研究，來解釋這些連環效應如何影響我們的思想，導致過度情緒化的反應。

　　最後我會提供幾個方法，幫助你強化自己的心理免疫系統，增加抗壓性。這是人人都用得到的，所以我覺得，如果你的時間只夠從這本書裡挑選一章來看的話，應該要選這一章！

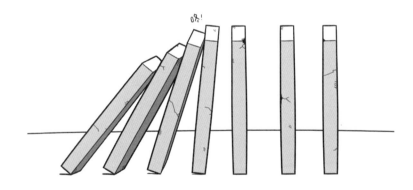

在臺上忘譜的時候

十歲的我，正穿著硬邦邦又不怎麼合身的西裝，滿身大汗的站在後臺發抖。

不遠的舞臺中間，一團亮到發白的聚光燈下，一個女孩坐在鋼琴前面，表演一首古典曲目。音符叮叮咚咚的在坐滿了觀眾的演奏廳中敲響，每個聲音都那麼的清脆，那麼的赤裸。

老師走過來，但後臺的昏暗讓我看不清楚他的表情。

我抖得更厲害了。

其實，就在幾分鐘前，是我坐在那團聚光燈下，盯著一顆顆黑白象牙琴鍵，彈奏著一首莫扎特的奏鳴曲。

那首幾乎每個學琴的孩子都練習過的曲子，節奏輕快，旋律跳躍，但小小的我還顧不了什麼音樂性，純粹只想把曲子彈完，不要出錯就好。而且這次的演奏是不能看譜的，平常有沒有用功練習，在臺上一聽就知道。

我只感覺自己的手指靠著肌肉的記憶在琴鍵上移動著。臺下一片漆黑，但卻可以感受到觀眾的目光。

我心裡有一種不安，後悔自己又等到最後兩週才認真練習，每次都這樣臨時抱佛腳，連奶奶都替我感到緊張了。

突然，有如賽車一轉彎，突然發現前面沒路，我連續彈錯了好幾個音。

Oh My God！我的腦袋一片空白。

接下來該怎麼彈？我竟然忘了！

曲子的旋律還在腦海裡，我將記憶快速倒帶，找到那個出錯的轉彎處。那瞬間，一切都變得安靜。琴鍵很亮，我的臉很熱，腦袋很漲。

突然，我彷彿看到了琴譜。畫面清晰到連老師用紅筆圈出來的音符，還有旁邊寫著SLOW DOWN的筆記都看得見。鏡頭放大到那個小節的尾端，一個休止符，還有後面的幾個半音。

手指趕緊就位，按下琴鍵，新的一句響起，聽起來是對的。我鬆了一口氣，繼續飛快的按照程式把曲子給彈完。

在掌聲中，我匆忙的鞠了個躬，快步走到陰涼的後臺，渾身不斷的發抖。

我看到老師的臉了，他竟然在微笑。

「劉軒，剛才彈得不錯！」他說：「雖然第二段的後面出了一點問題，但你很快就救回來了。」

「我忘譜了。」我說。

「但是你沒有慌亂，這樣很好。」

老師說：「有時候忘了譜，愈去想反而愈想不起來。所以你直接跳過那段，從新的一句開始，沒有讓曲子中斷，這是正確的決定。以後你如果忘譜忘得一乾二淨，寧可深呼吸，從頭開始彈也可以，最重要就是不要慌張。」

「老師，我停了很久嗎？」

「大概兩、三秒吧，對曲子不熟的人應該不會發現。其他的部分都彈得很好！」老師說。

聽老師這麼一說，我馬上就不發抖了。

我如釋重負，覺得好亢奮，也覺得好累。而且真的只有停頓兩、三秒嗎？為什麼感覺好像兩、三分鐘！

戰鬥，或者逃跑

假如你有磁振造影那樣的透視眼，看著十歲的我坐在臺上，在忘譜的那刻，我的五臟六腑應該像是在放煙火。

你會看到我藏在大腦深處的「杏仁體」（amygdala）發作，通知旁邊的下丘腦，兩個都像是個驚嘆號一樣的亮起來。

你會看到我腰部的腎上腺大量釋放腎上腺素（adrenaline）和一種叫做「皮質醇」（cortisol）的荷爾蒙。

你會看到我的心臟加速跳動，血管也隨著血壓升高而擴張，讓更多血液通過。我肺葉的小支氣管會像花一樣綻開，快速吸收更多的氧氣。我的肝臟也會轉換模式，像跳樓大拍賣一樣釋放出大量的糖分，供應給大肌肉。

然後，我會感到全身發熱，毛細孔也紛紛張開，分泌出一層亮晶晶的汗液。

　　如果你能跳進我的腦袋，體會我當下的感受，你會發覺四周變得很亮，因為我的瞳孔放大，但同時，我所注意的範圍會變得很小。為了搶救忘譜的危機，我的大腦在此刻會啟動加速模式，專注力則像是雷射光點一樣，思緒毫無雜念，連時間都感覺慢了下來……

　　這就是典型的「打或逃反應」（Fight or Flight Response）。自古以來，這個本能讓我們的祖先能躲過洪水和大火、獵捕遠比我們強大的野獸、跳出壕溝與敵人對視、在沙場斬出一條血路。凡面臨生死關頭，身體就會透過這一連串的生理反應，增加我們的戰鬥力。

　　而當你逃到安全處、或征服獵物、或戰勝敵人時，血液中的皮質醇會快速代謝，而副交感神經系統會開始踩煞車，讓你恢復冷靜。同時，血液中的腦內啡（endorphin），加上大腦這時犒賞自己所分泌的多巴胺（dopamine），則會讓你亢奮、充滿活力、還有一種「任務達成」的快感。你會情不自禁舉起雙手，像洛基一樣，對著天空高喊：「YES！」

　　好啦，也許你不會那麼激動，但心裡面的感受，還是可以用一個字形容：「爽！」

　　當十歲的我還站在後臺，亢奮得不斷發抖時，聽到老師說：「彈得很好！」就立刻增加了我腦袋裡的多巴胺，讓我原本緊張的情緒轉化為險勝的快感。

就算到了現在，無論演講、演奏鋼琴、當派對DJ，我還是會有當年那樣的反應。上臺前，我依然緊張到反胃；但是當演出結束，聽到掌聲時，我還是會感受到身體疲憊但精神亢奮的那種爽快。如果有一陣子沒有演出，我甚至還會暗自渴望它（難怪，有人說離開掌聲的明星最落魄）。

這種戰勝壓力的「爽」不但會令人開心，還能提升免疫系統效能，增加血液中的睪酮素，讓人更有自信、更願意接受挑戰，更充滿了法國人所謂的「joie de vivre」──活著的快樂。

所以，即使現在我們不會整天被猛獸追殺，但還是會主動給自己設計一些虛擬的緊要關頭，像是去球場找人鬥牛、參加路跑比賽、坐雲霄飛車、看恐怖片等等，而心理學家也大致認同：

適當的壓力對人有益，只要這個壓力是短暫而能夠被化解的。

適當壓力的前提

不過，問題的重點就在於上述這句話的後半段：「短暫而能夠被化解的」。

偏偏，在我們的生活中，許多壓力的來源既不短暫，也很難被化解。

例如：你痛恨英文，英文也不喜歡你。大考還在半年之外，但你現在已經開始擔心。要是英文沒考好，可能會影響你的升學機會，而升學不順利，根據身邊長輩們的恐嚇，你就毀了自己的前途。先不管什麼是「前途」，光是這麼想，就足以讓英文變成追殺你的猛獸。

或是：經濟不景氣，業界又傳出大批裁員的消息。你剛咬牙付了頭期款，把積蓄都放在人生第一個小窩。每個月的薪水在繳了房貸和生活費後，一毛也不剩。少賺一天錢，就得少吃一天飯。房貸如果繳不出來，夢想窩也沒了，於是開會時只要主管多看你一眼，你就覺得子彈在飛。

還有：新聞上又傳出神經病當街砍人。雖然你知道這事發生在你身邊的機率不高，但只要打開電視機就會看到，打開收音機就會聽到，打開手機，網路上都在討論。你突然覺得這個神經病似乎無所不在，好像比伊波拉病毒還嚴重。你有種莫名的恐慌，出門在外就會把自己繃得好緊，草木皆兵。

這種長期又無形的壓力，每天糾纏你，讓你無法解脫。既然不是緊急狀況，也沒必要出動腎上腺素和腦內啡等「特攻部隊」對抗，不過大腦還是會把這些當成威脅，釋放出大量的「二軍」皮質醇，讓身體一直處於備戰狀態。

根據美國心理協會APA調查，每兩個美國人，就有一位覺得自己每天都有壓力，而每四個美國人，就有一位覺得自己承受了「高度壓力」。

我認為，這個數據在臺灣絕對有過之而無不及。

皮質醇累積在身體時，會讓新陳代謝失衡，就好比車子引擎開著TURBO一直空轉，很容易就燒壞。這會大幅增加各種疾病的風險：

- 血糖過高和第 II 型糖尿病
- 高血壓和心血管硬化
- 肥胖（尤其是腰圍）
- 睡眠品質不良
- 焦慮症和憂鬱症

而且學者發現，長期的皮質醇堆積不但耗損身體機能，甚至還會改造大腦細胞！

你累了嗎？

身體一直處於備戰狀態，任誰都會累。皮質醇長期過量，就會產生不健康的後果。

這裡有十個問題，讓你檢查自己日常皮質醇是否過量[3]：

1. 你整天都很沒精神，到了該睡覺的時候精神卻很好，於是睡不著，隔天起來又沒精神。
2. 你很容易累，即使睡足了八小時也還是一樣。
3. 你很容易感冒或被身邊其他生病的人傳染。
4. 你會莫名想吃一些不健康、高熱量的垃圾食物。
5. 你儘管節食卻還是增胖，尤其是腰圍部位。
6. 你時常腰痠背痛，也經常頭痛。
7. 你時常拉肚子或有胃食道逆流等消化不良的症狀。
8. 你的性慾大減，也覺得自己不性感。
9. 你平常會覺得很焦慮，很容易有負面思想。
10. 你以前脾氣很好，但現在很容易被激怒。

超過三項符合，你就應該要注意身體了，超過五項已經算很嚴重。我很驚訝，有多少朋友看了這個清單，竟然覺得自己十項都中。

正視壓力帶來的危機

近年來的腦神經研究，證實大腦可塑性（neuroplasticity）很高，連成人的大腦也會受到環境影響而改變[4]。

最近有一連串震驚醫學界的研究，證明長期的皮質醇累積，會造成腦中海馬迴（hippocampus）萎縮。海馬迴主導學習、記憶和情緒控制的功能。

皮質醇還會使我們腦內的前額葉皮質（prefrontal cortex）萎縮，而這部分正好是我們用來決策、計劃、克制理性的「自律中心」。

但同時，皮質醇卻會讓杏仁體變大，而杏仁體的功能，則是儲存「高度情緒化」的記憶，並主導情緒化的反應。

這些效果加起來後，會讓人比較難以控制自己的情緒、變得更不理智、更容易有情緒化的反應。

於是，原本不該說的氣話，你說了。

原本不該做的衝動決定，你做了。

原本沒什麼關係的小事，變成大事了。

你聽到骨牌在倒嗎？這才是真正的禍不單行！

降低皮質醇的方法

你現在知道，原來有這麼多「文明病」，都可能是皮質醇在搗亂。當然，接下來的問題就是要「如何降低皮質醇」。以下有四個建議：

1. 睡眠充足

當你只睡六小時，血液裡的皮質醇含量將會是睡足八小時的一倍！即使你覺得自己不需要那麼多的睡眠，累的時候最好還是小歇一會兒，哪怕只有十幾分鐘也好。短暫的午覺也能有效降低皮質醇的累積。

2. 少吃澱粉

吃澱粉容易造成血糖不穩定，增加身體的負擔。偏偏壓力大的時候，我們更容易會暴飲暴食，尤其是甜食。你必須抗拒這個衝動！多吃堅果、蔬菜、瘦肉，以少量多餐為原則，並且以水果代替甜食。補充Omega-3、維生素C和B群也很有幫助。

3. 適量運動

一週運動三到五次，就能有效控制皮質醇對你的影響。運動不需要高強度，重點是要持之以恆。每天快走幾分鐘，遠比一週一次的激烈運動效果更好。而且持續運動是「關鍵性好習慣」，有辦法導致更多好習慣產生，絕對是一個值得的自我要求！

4. 嚼口香糖

實驗顯示，在承受壓力的狀況下，嚼口香糖竟然能降低血液中高達12%的皮質醇。可能是因為咀嚼動作促進頭部血液循環，

也可能是因為動物吃東西的時候比較開心，所以咀嚼動作讓大腦誤以為在進食，所以會放輕鬆。下次覺得壓力大，不妨試試看，即使只有一點點效果也是好的，況且這方法那麼簡單！

釋放你的壓力

在生活中，我們都曾經遭受過意外的打擊，承受突如其來的壓力。壓力能夠激發鬥志，但如果問題無法及時解決，一直掛在心上，持續的壓力反而會成為絆腳石。

我希望以上的解說，可以讓大家意識到「禍不單行」的連環效應，其實有很大一部分存在於我們自己的身心反應。我們雖然是受害者，但也可能無意間成為骨牌的推手。

要避免禍不單行，你必須給自己一點空間，讓事情歸事情，盡量讓情緒保持距離。當你覺得自己的壓力大到快失控的時候，可以試著靜坐片刻，觀察身體的反應，感受腎上腺素、腦內啡、皮質醇在身體裡亂竄的感受。

雖然不太舒服，但你可以告訴自己：「這就是一群荷爾蒙在作祟，不應該影響我的靈魂。」如果你能認清身體只是個機器，並理解這個機器在壓力下會有的正常反應時，就能開始接受這種感覺，並學會控制它。

當全身都在備戰時，你可能會有「趕緊處理問題」的想法，但

這時你反而要更注意作息。該吃飯的時候吃飯，該睡覺的時候睡覺，即使睡不著也要讓自己休息。唯有正常的作息，才能降低皮質醇，讓你的腦袋清楚一點，做事更有效率。

據說邱吉爾每天都要睡午覺，連在二戰期間也不曾改變這個習慣。聽起來或許自私，但換個角度想，如果他的腦袋不清楚，又怎麼能計劃戰略、率領英國全民呢[5]？

俗話說：「吃飯皇帝大。」我認為睡覺也是如此。當壓力大的時候，給自己和身邊的家人一點休息和放鬆的空間，也許就能避免許多不必要的情緒衝突。

從改變自己做起

我最近又跟Anna聯絡，詢問她是否同意分享那段禍不單行的故事。她人在紐約，聽起來精神很好，甚至可以說比之前還要更好。

她對我坦誠，過去與父親的關係並不好，而這也成為了她的壓力來源之一。她父親會這麼早走，主要也是生活壓力和酗酒的毛病所造成。Anna發現，自己不能把遺憾當成重擔，讓過去綑綁她的未來。

她想通了：她不要讓自己被這些不幸一直糾纏！那些遺產權的官司，就交給律師處理，遠離那些親戚所帶來的負能量。反正該是她的就會是她的。

「我確實相信，一切事情的發生，都有它的意義，都是一種安排。我學會了接納，不要抵抗。當我們抵抗時，這些事情會在心裡形成負面的能量。接納會帶來平靜，一種更有力量的平靜。當心變得強壯，就很難會有什麼能傷到我們。」她說。

恭喜 Anna，她走出負面的情緒，從改變自己開始，阻擋了禍不單行的連環效應。

所以，下次當你遇到禍不單行，彷彿四面楚歌時，記得要先深吸一口氣，把自己穩住。

因為你就是那片最重要、最不能倒下的骨牌。

在皮質醇萎縮你的前額葉皮質前，趕快找個方法放鬆吧！

注釋：
1. 連續二十一個小時不睡覺，反應遲緩的程度就等於0.08的血液酒精濃度。資料來源：http://www.ncbi.nlm.nih.gov/pmc/articles/PMC1739867/。
2. 這是根據 SleepAlarm APP 上 941,329 位 18 到 55 歲男性與女性的數據統計。因為是直接偵測睡眠狀態的程式，所以數據比自我睡眠評估來得可靠。
3. Adopted from Lissa Rankin, MD., "Mind Over Medicine: Scientific Proof That You Can Heal Yourself." Hay House Inc, 2013。
4. Ansell, E., Rando, K., Tuit, K., Guarnaccia, J., Sinha, R. (2012) "Cumulative Adversity and Smaller Grey Matter Volume in Medial Prefrontal, Anterior Cingulate, and Insula Regions." Biological Psychiatry. 72 (1): 57-64；Pittenger, C., Duman, R. (2008) "Stress, Depression, and Neuroplasticity:A Convergence of Mechanisms." Neuropsychopharmacology Reviews. 33: 88-109。你可以在這裡找到一般的研究調查說明：http://www.huffingtonpost.com/jenny-c-evans/how-stress-is-literally-m_b_6064966.html。
5. 這裡蒐集了許多歷史偉人睡眠相關的微知識：https://medium.com/@cammipham/7-things-you-need-to-stop-doing-to-be-more-productive-backed-by-science-a988c17383a6。

適當的壓力有益身心
不過這個壓力必須是
短暫而能夠被化解的

長期無法化解的壓力
讓身體處於備戰狀態
導致大腦皮質醇過量

不但會耗損身體機能
還會造成情緒化反應
讓事情一發不可收拾

為什麼意外經常會發生3

避免禍不單行

接連的壞事讓你感到不幸
原來不幸是壓力所造成的？

WHAT CAN WE DO ?

睡眠充足

睡眠可以有效降低
皮質醇的累積

少吃澱粉

澱粉容易造成血糖不穩定
增加身體負擔

適量運動

運動能夠有效控制
皮質醇的影響

嚼口香糖

咀嚼讓大腦誤以為在進食
所以會放輕鬆

part 2

避免受騙帶來的不幸

chapter 4

權威欺人的盲點

臺北松菸文創園區旁，一排樹叢和高聳圍牆的背後，是一棟龐大的政府機關建築。它肅靜又低調，進出的人不多，路過旅客八成不會注意到，也可能一輩子都不需要走進那裡。

那其實是內政部警政署刑事警察局，統領全國刑事警察人員的單位。不過除非是來辦案，否則閒人勿進。

但就在某一天下午，我手裡備著證件，有點忐忑的通過警衛檢查，走上臺階，進入鋪滿花崗岩地面的大廳，與之前在電話中聯絡到的警官會面。

坦白說，我還滿驚訝這位警官會那麼爽快就答應了我的訪問要求，畢竟我不是記者，也沒有透過高層介紹，只在刑事警察局的網站上找到電話號碼，直接撥給「防詐騙宣導小組」，很容易就聯絡到了。

至於警官本人，也不是我想像中的那樣——結實、魁梧又帶點江湖味，反倒像是大學校園裡會遇見的研究生，白淨斯文、為人客氣，連握手都很溫柔。他直接帶我穿過大廳，坐電梯到五樓的辦公室。

刑事警察局的「165反詐騙諮詢專線」，自二〇〇四年成立以來，已經成功攔阻被害案件八千五百多件、攔阻金額八億七千多萬，上週才剛偵破一個橫跨臺灣、馬來西亞和中國大陸的詐欺集團，算是績效相當高的單位。

我原來以為，那裡會是一個高科技指揮中心，充滿各種儀器

和整面的電視牆。實際上,宣導小組的辦公室,比一個雜誌社的編輯部還小,一排排老式OA辦公桌隔間,一落落書籍和文件。唯有走進組長辦公室,看到矮茶桌和琳琅滿目的茶具,才比較有到了警局的感覺。

「來來來,請喝茶。」軍師般帥氣的股長前來接待,還很客氣的幫我沏茶,令我有點不好意思。茶葉很好,一個多小時的訪談中股長一泡再泡,茶還是很香。

我此次訪問的目的,就是想理解受害者為什麼會上當。詐騙案件的新聞報導層出不窮,警方大力推廣宣導,使用ATM時還有小心詐騙的叮嚀,處處都有關卡,民眾也變得比較小心謹慎了,為什麼騙子還是經常能得逞呢?

警官立刻就切入正題,顯然事先已經做好準備。

「臺灣目前案件數最多的是網路交易詐騙,但財損最高的是假冒公務機關的電話詐騙。」

我萬萬沒想到,假冒公務員這招到現在還行得通?

「是的,受騙的大多是年長者。他們一輩子清白,沒碰過刑事法律,連派出所都沒去過,這種人最容易受騙。」

「他們的家人難道不會阻止嗎?」

「家人根本就不知道!很多受害者都不敢說,甚至到銀行提款的時候,也不會跟櫃檯解釋。銀行覺得不對勁,通知我們到場,很多人還是堅持不講,甚至會編出『這是給我女兒的錢』之類的藉

口。我們還碰過有人在銀行硬是被我們勸阻，回家之後再偷偷跑出來，用ATM提款交給車手的！」

啥？怎麼會有人這麼執迷不悟，難道被下迷魂藥了？

「我們也覺得不可思議，但有些受害者就是這樣。即使證據都很明顯，他們還是選擇相信電話裡的假警官！」

這種現象實在太驚人了，遠超乎我的想像。

在開始研究前，我以為詐騙集團的成功是因為話術的厲害，或是運用一些技術漏洞。但事實上，詐騙者運用的，是一些自古以來常見的心理盲點。分別看來，它們好像不算什麼，但加起來再以一個特定的順序出招，足以讓許多理性謹慎的良民上當。

摸清底細後，我發現同樣的招術竟出現在各種不同的領域，從醫院到辦公室，這些盲點確實容易使人失去理智，甚至被賣了還在幫別人數鈔票！

在這一章，我要來解釋所謂的「詐騙三部曲」，並教你如何防止自己喝下這碗迷魂湯。

你是個多狠心的老師？

想像你某天看到一則廣告：耶魯大學徵求自願者參加一個與記憶相關的心理實驗，看起來還挺有趣的。實驗當天，你到耶魯大學報到，出現的是一位身著灰白長袍，拿著記事板的學者。

　　他跟你介紹了另外一位報名參加實驗的受試者，在雙方握手認識後，學者說，你們兩個人將一起進行實驗，一個人當老師，另一個當學生。

　　你抽籤抽到了「老師」，而「學生」則被請到隔壁的房間。你們看不到彼此，但可以透過對講機溝通。

　　學者告訴你，這個實驗主要是觀察「體罰」對記憶的影響。他給了你一連串英文單字，要你一個一個唸給學生聽，然後透過對講機進行考試。如果學生答錯，你就必須「電」他一下，以示懲罰。在你面前有個控制面板，上面有許多小開關，每個開關都標示有電擊強度。每次答錯，電壓就要增加十五伏特。學者先用最低的電壓讓你體驗一下被電的感覺，還真的有點刺痛。

　　你心想：「還好我不是學生！」

　　實驗開始了。起初，這個學生表現得還不錯，即使偶爾答錯被電，也還能一笑置之。但隨著電擊的強度逐漸提升，學生明顯變得緊張。被九十伏特電到時，他忍不住叫了出來；被一百二十伏特電到時，他大喊：「這實在很痛耶！」不過這個痛感顯然沒有增強學生的記憶，因為他繼續答錯。被一百五十伏特電到之後，學生終於無法忍受，他說：「夠了！我不玩了，放我出去！」

　　這時候，你詢問旁邊的學者：「可以結束實驗嗎？」但學者只對你說：「請繼續。」

　　你繼續出題，但學生腦袋已經一片空白，幾乎每題都答錯，

你只能用更高的電壓繼續電他。學生開始踢牆壁，大聲喊救命，還說他患有心臟病。旁邊的學者始終冷冷的說：「這是個實驗，你必須繼續。」

電壓來到三百伏特，學生已經沒有反應了。

你雖然唸了題目，但對講機的另一端卻沒有任何回覆。學者告訴你：「不回答，也算答錯。請繼續！」

這時候，你還按得下去嗎？

你當然不會，其實你早就停了，對不對？

那如果是別人呢？在一百次實驗中，你覺得有幾個「老師」會持續電擊答錯的學生，直到最高的四百五十伏特？

你可以先在這裡寫下你的答案：_____

權威使人盲目

上述這個故事發生在1961年，是心理學最著名，也是最有爭議性的實驗之一。這位進行實驗的學者，米爾格雷（Stanley Milgram）教授，如果按照現在的學術道德標準，應該會被耶魯大學開除，因為對人造成的創傷實在太大！

這個實驗本身是個幌子：它測試的根本不是記憶，而是人在權威指使的情況下，會有多麼聽話。

其實，扮演學生的人是個演員。抽籤時，他永遠會是學生，而真正參與實驗的受試者都會是老師。所有被電擊的反應，都是學生演出來的，事實上他毫髮無傷，實驗結束後也會跟教授一起向受試者澄清這場惡作劇。

重點是，當學生明確表示自己很不舒服，要求停止實驗時，在旁邊監督的「權威」，那名身著長袍的學者，卻命令老師必須「繼續」。到底有多少人會一路按到四百五十伏特呢？

請記住，在三百伏特後，學生就已經完全沒有反應了，而且還說過自己患有心臟病。所以老師們還得繼續電擊這位可能早就昏過去的學生至少九次。

最後的答案，連教授本人都難以相信：有65%的老師會一路按到四百五十伏特！

請問，這跟你當初的估計是否差得很遠呢？

米爾格雷在實驗進行前，也曾經把這個問題丟給耶魯大學的心理系學生。學生們的估計是：在一百個人當中，最多只有三個「變態」會一路把人電到昏過去。

有些人覺得這個研究證明了「人性本惡」，但這並不正確。實驗紀錄顯示，這些「老師」在電擊時都非常焦慮。他們會開始冒汗、發抖、咬嘴唇、說話結巴，甚至會用力掐自己的肉，顯然自己也很受罪。所以，真正可憐的不是假裝被電擊的學生，而是不知情的老師們！

而這種服從，也不能說是因為受試者受到了暴力威脅。根據研究規定，如果「老師」表示想停止，身穿長袍的「學者」只有四句臺詞可以用，分別是：

「請繼續」、「實驗需要你繼續」、「你必須繼續」、「你別無選擇，必須繼續」，而且都要不帶情緒的說。如果四次回覆後，老師還是堅持要停下來，那實驗就會立即終止。

你或許會想，這樣的實驗結果，會不會是因為以前的美國人比較聽話，或是因為地點在耶魯大學，受高等學府光環所影響？

應該不是。這麼多年來，同樣的實驗被執行過上千次，統計結果還是一樣：61%到66%的人會聽從權威，不分性別、年代或地點[1]。換句話說，只要權威一聲令下，大部份的人都會很聽話，盲目隨從到害死人！

白袍的影響力

但光是一個穿著白袍的「學者」，就有這麼大的權威嗎？

不僅如此！當穿著白袍的是位醫生，權威更大。

心理學家羅伯特‧席爾迪尼（Robert Cialdini）在《影響力：讓人乖乖聽話的說服術》這本書裡，就提到了一個很荒唐的真實故事：

有病人因為耳朵痛到醫院就診，醫師開了處方，請護士協助用藥。處方箋上寫著「Place in R ear」，就是「把藥水滴入右側耳內」。

結果護士看錯了，以為「R ear」是一個單字，而「rear」指的是後側，於是讓病人脫下褲子，把藥水灌到病人的屁股裡。

誇張的是，護士明明知道藥水是耳朵專用的，卻還這麼做，而病人竟然也沒有抗議！事實上，你只要問問身邊從事醫護工作的朋友，這種烏龍事在醫院還挺常發生的。

美國有三大醫院曾經聯合進行了一項測試：

一位演員打電話到醫院護理站，謊稱自己是某位主治醫師，要護士立刻給某個病患注射20毫克的Astrogen藥水。問題是：一、這位護士從來沒見過這位醫師；二、醫院不允許電話處方；三、Astrogen是尚未通過檢驗的藥品，不能隨便注射；四、使用劑量過高，藥物須知上都寫得很清楚。

結果你猜猜看，有多少護士在接了電話之後，就毫不猶豫的去拿藥，準備給病患注射？

95%！幾乎所有的護士，無論多麼資深，或是在什麼專科，接到一通自稱是醫師的電話，竟然就會盲目隨從，完全忽視醫院的規定和自己所受過的訓練，去做一件很可能把人給害死的事[2]。

這多可怕！想想，我們多少次聽到「醫生說」就乖乖服從，無論是吃一些奇怪的藥、改變飲食作息、甚至開刀？我們有真正問清楚那些藥是什麼，為什麼一定要開刀嗎？

又有多少時候，網路上某篇「醫生說」的健康資訊，在未經查證的狀態下就被廣為傳閱，即使沒人知道那是哪位醫生說的。

我們見到白袍就會聽話，連聽到白袍也會聽話。只要電話中的人聽起來像是權威，很多人也就會相信而跟著配合。

> 人們都習慣走心理捷徑。
> 雖然明明知道某些資料不能外漏，
> 但因為他們怕拒絕別人、怕丟臉、怕權威。
> 所以只要懂得技巧，就能說服他們
> 略過原本的安全措施。
> ——改邪歸正的駭客大王凱文・米特尼克（Kevin Mitnick）

只要一個理由

現在，你知道了人們會聽從權威的盲點，讓我們把注意力帶回刑事警察局。

警官形容了一個典型的「冒充公務員」的詐騙過程：

詐騙者打電話給受害者說：「我是警政署刑事局某某警官，你的銀行帳戶有問題，涉及到洗錢刑事案件。我現在需要跟你核對一些個人資料。」

這時候如果受害者語氣慌亂，那詐騙成功的機率就會很高。

警官說，許多老一輩臺灣人經過戒嚴時期，對警察本來就很敬畏，再加上那些安守本分的良民，聽到警察打來已經嚇傻了，當然會主動提供個人資料以便「核對」。

接著，這位假警官會說：「現在有犯罪集團盜用人頭帳戶，看來你是個無辜的受害者，我會協助還你清白。但我要先慎重的告訴你，偵查過程中，你不能跟任何其他人洩漏案情，因為這是機密案件，偵查要保密。你聽過『偵查不公開』的原則吧？如果你涉嫌串供，就必須負重大刑責喔！」

這個時候，詐騙集團運用了另外一個心理盲點：要讓人服從你的要求，往往只需要給一個理由，無論那個理由多不合理。

哈佛心理系教授艾倫·蘭格（Ellen Langer）在忙碌的圖書館，一群人正在等著用影印機的時候，曾經做過這麼一個實驗：

如果她問說：「不好意思，我這裡有五頁要影印，可以讓我先用影印機嗎？」有60%的人會讓她插隊。

如果她問說：「不好意思，我這裡有五頁要影印，可以讓我先用影印機嗎？因為我在趕時間。」這時有94%的人會答應。

奇怪的是，當她問說：「不好意思，我這裡有五頁要影印，可以讓我先用影印機嗎？因為我要影印。」就算她給了一個不是理由的理由，還是有93%的人會答應。

「可以讓我先用影印機嗎？因為我要影印。」就好像跟人家說：「可以讓我插隊嗎？因為我要插隊。」多莫名其妙！但多數人只要聽到一個理由就會願意答應，無論理由合不合邏輯[3]。

其實，刑事訴訟法的確有「偵查不公開」這樣的規定，但是完全不適用於這種狀況[4]。況且，警察是不能透過電話蒐證或進行筆錄的，但一般民眾缺乏這方面的法律常識，聽到一堆很厲害的術語，就會乖乖配合。難怪許多受害者始終不跟身邊的親友說，其實是因為害怕連累他們。這麼一來，被「隔離」的受害者們，就會任詐騙集團宰割了！

假警官這時都會跟受害者說：「不用擔心，我相信你是無辜的，我會盡量幫助你，但是你要配合。你現在先把銀行戶頭裡面的錢，都轉到我們偵查小組的安全帳戶保管。然後我們會監控你的帳戶，找出不法的金錢源頭後，就可以結案了，之後你的帳戶和裡面的錢都可以安全歸還給你。」

於是，受害者就會趕快到銀行辦理轉帳，或是提領現款，乖乖轉交給身穿假公署人員制服的車手，然後默默等檢察官打電話來「還他清白」。

當然，這通電話永遠不會打來，錢也永遠拿不回來了。

詐騙三部曲

詐騙集團運用了三個心理招數，讓人自願把帳戶裡的錢全部交給陌生人：

1. 報出偵查公務員的身分，以「權威」恐嚇受害者，製造慌亂的情緒。
2. 用一些聽起來很厲害，事實上沒有根據的術語來「隔離」受害者，讓受害者不敢或來不及求證。
3. 從黑臉換成白臉，讓受害者感到一絲希望，表現出「讓我幫你解決這個問題」的友善態度，加深受害者的信任感，成功把錢騙到手。

經過了這三部曲，有不少人匯款後還在電話中感謝假警官耐心協助，甚至當親友得知前來勸阻時，仍執迷不悟，根本就是被賣了還在幫人家數鈔票！

在這裡，我再補充一個有趣的插曲：當年米爾格雷做了許多不同版本的實驗，其中有一個版本有兩位「學者」同時陪在老師旁邊。當學生喊著要終止實驗時，一位學者說「請繼續」，但另一位學者則說「不要繼續」。兩個權威竟然彼此矛盾，老師只能來回看來看去，企圖分辨誰的權威比較大。如果實在難以決定，大部份的人還是會選擇停止。

不過，這個實驗結果，也或許能讓我們理解為什麼有些詐騙受害者即使被警察勸阻，卻還是會選擇相信電話上的騙子：因為人家說不定自稱是檢察官，比警察權威大多了！

什麼都騙，什麼都不奇怪

其實我們發現，只要膽子夠大，什麼都能騙。以下這段真實的傳奇詐騙故事，簡直到了「瞞天過海」的境界。

1925年，法國有幾家鑄鐵工廠收到了一封來自「巴黎郵政和電信服務總局」的公函，邀請他們到巴黎某高級餐廳參加一場重要會議。老闆們紛紛趕來，都很好奇是怎麼一回事。

召開會議的「副局長」維克特·魯斯提格（Victor Lustig）是位談吐優雅的紳士，與幾位老闆們享用美酒佳餚，相談甚歡後，他透露了這次會議的目的：市政府已經決定要拆除巴黎鐵塔，將會有七千多噸的廢鐵需要回收。目前消息還不能公開，但副局長想先讓這幾家鑄

鐵公司知道消息，以競標方式決定誰能獲得這筆大生意。

　　在當年，拆除巴黎鐵塔不是一個荒謬的想法。1889年，鐵塔因世界博覽會而建立時，巴黎市政府原本只批准了20年的建築許可。許多當代的巴黎市民其實很不喜歡這個鐵塔，甚至還聯署要求政府把這個「沒用又難看的龐然大物」趕緊拆掉，後來是因為鐵塔有助於傳送電報和廣播訊號才一直保留下來。

　　所以，當「郵政和電信服務總局副局長」親口說出巴黎鐵塔即將廢除時，這些老闆們都紛紛相信而踴躍投標。其中有一位剛入行的生意人安德烈‧普瓦松（Andre Poisson），覺得這筆生意會讓他在業界聲名大噪，於是不惜代價想喊出高標。但普瓦松的妻子不放心，覺得整個祕密競標過程有點可疑，要求魯斯提格向他們解釋清楚。

　　這時，魯斯提格嘆口氣，「坦承」自己只是個公務員，薪水根本不夠養家，所以希望以「低調」的方式讓志同道合的朋友能順利得標，創造雙贏。換句話說，他暗示自己是願意收紅包的。

　　這個完全歪理的解釋，不僅沒有讓普瓦松和妻子立刻報警，反而聽了大喜，覺得這筆生意有搞頭。他們趕緊包了個大紅包給魯斯提格，以相當於現在一百萬美金的金額「順利得標」。

　　當然，這是一個豪華大騙局。魯斯提格根本不是政府官員，只是個大膽的騙子。錢到手不超過一個小時，他就離開巴黎了。

　　更扯的是，普瓦松被騙了這麼大一筆錢後，竟然沒有報警，可能是怕自己成為業界的大笑話。而魯斯提格半年後竟又返回巴黎，

試圖以同樣的詐術一騙再騙！不過這次他並沒有得逞，後來在美國被捕坐牢[5]。

以假權威嚇唬人、給一些不是理由的理由、讓對方覺得自己是站在同一邊的朋友……這詐騙三部曲還真好用！

你以為自己不會受騙？

當然，你不會愚蠢到買下巴黎鐵塔。有一些基本法律常識，也不容易中這種冒充公務員的騙局。

不過社會上，還是有不少人運用這個心理盲點三部曲，操弄我們的心情，換取我們的信任，設計我們於不利之地，甚至直接騙走我們的積蓄。

讓我分享幾個讀者提供的故事：

「有一段時間，我家房子頻頻漏水，怎麼修都修不好。有天我媽媽在路上碰到一個修理工，告知我家的情形。應該是他太有口才了吧！只記得，當一個莫名奇妙的陌生人來到我家，說是來解救我家痛苦的房漏問題，我竟也不知為何，當下就覺得碰到了救星，立馬跟著這個陌生人去提款機前，領出將近一個月的薪水，以支付那些他得先墊付的一大筆材料預付款。更荒謬的是，當他臨走時，我還

千謝萬謝那個從此再也沒出現的抓漏救星！」

「我剛唸完書回國時，受聘進入一間公司，部門主管很照顧我，叫我一定要小心幾位同事，因為他們不喜歡像我這種國外回來的空降部隊，所以有什麼問題要跟她說，她會幫我處理。我在公司戰戰兢兢，沒事不會跟同事來往，還常跟主管抱怨同事的工作狀況。後來我才發現，原來是主管刻意製造同事間的矛盾，讓大家都主動向她打小報告。離職之後某天巧遇以前的同事，聊開來才發現，原來那幾個我一直以為對我懷有敵意的人，反而才是最挺我的人！」

「我之前幫我媽到一個健檢中心報名，那裡看起來很厲害也滿有名，重點是費用不貴，才幾千塊就可以做全身檢查。可是她後來在那裡花了好幾萬，因為醫生說她檢查出來有一大堆問題，要吃保健品，剛好他們那裡都有賣。後來我改帶我媽去大醫院，醫生說那些指數其實沒那麼嚴重，沒事不需要吃那些有的沒的，但錢都已經花下去了，拿去退也不好意思。」

以上幾個例子，無論是用權威姿態讓你信服、說出各種術語和理由、拉攏距離讓你覺得受到照顧，原理都是一樣。

除了假抓漏的例子，其他或許不足以構成詐騙，但這種情況處處可見。善意看待，也可以說是很有效的推銷手法。

　　或許你因此買了不必要的保單、投資了不認識的金融產品、吃了一堆昂貴的藥材，但起碼我們可以告訴自己，對方還是為了我們好，頂多下次不要被占便宜了。但這些畢竟是每個人都有的心理盲點，我們要如何保護自己，避免冤枉上當呢？

揭穿詐騙者的假面

1. 找個有公信力的單位求證

　　成立十餘年，「165反詐騙諮詢專線」已經接過六百三十二萬通電話，受理十一萬餘詐騙案件，但還是有許多民眾不知道它。

　　很多人在接到詐騙電話時，因為心裡過於慌亂，一時想不到要打去哪裡求助，而且狡猾的騙子也會叫受害者不要斷線，以免受害者跑去打別的電話，或是提供另外一個「查證專線號碼」，但打過去根本都是詐騙集團在接。

　　警官告訴我，接到任何可疑來電，最簡單的方法就是請對方留下聯絡方式，然後立刻打電話到165反詐騙諮詢專線求證。如果還是不放心，也可以到鄰近的派出所去備案。詐騙集團雖然神通廣大，但起碼在臺灣還不敢蓋一間假的派出所來騙人。

2. 留意自己面對權威的反應

　　「我們其實都會比較信任穿制服的人，也比較聽權威的話，這是

我們人類建立社會的基礎。」米爾格雷當年對於駭人的實驗結果,也給與這樣的寬容解釋。

確實,一旦受過傷害,許多人可能會對權威起疑,甚至排斥或敵對,這種狀況也很容易導致誤會和衝突。但無可否認的是,當一個陌生人以某種公職或權威的角色與我們交涉時,我們很難不受到影響。這時,我們應該多加留意自己的心理反應。

如果你隱約覺得不安,馬上問自己「為什麼?」如果你覺得對方過於強勢,先停下來感受一下自己的反應。

你會因為對方氣勢凌人,而不自主的答應他的要求嗎?如果是的話,你可以喊停,先確保自己的個人權益再說。

3. 懷疑對方「真的是這方面的權威嗎」?

近年來醫美盛行,四處都是醫美和營養師診所,每個醫生的學歷看起來都很厲害,但不少消費者在手術發生狀況後,才發現自己找的醫生根本沒有多少醫美相關的經驗。

他們不一定是騙子,但也絕對不是權威。現在有這麼多網路搜尋工具,消費者能夠也應該多做些功課,查清楚這些人的專業程度和條件,不要輕易相信自稱「權威」的人士,即使他們上過媒體。

你應該問自己的問題是:「這些人所給的專業建議,是否有利可圖?」如果你需要多一點資料評估,或要求給其他的選擇,他們是否樂意提供?如果對方表示不悅,那你就應該走人,因為那八成不是

可信的專家，只是多了張文憑的銷售員。

4.心中存有任何疑惑，就繼續追問：「**為什麼？**」

　　我發現這是一個很好用的技巧，一來可以拖延，讓你多一點時間思考；二來，在持續追問的過程中，有可能獲得一些額外的消息。

　　我有個朋友原本對理財毫無概念，就一直追問銀行專員各種投資相關的問題，直到後來那位理專不但供出自己的業績抽成，還提供我朋友幾個挑選金融產品的撇步。

　　我這位朋友不但沒有做不必要的投資，還免費上了一課，光是憑著她「打破砂鍋問到底」的好奇心。遇到醫生、律師、會計師、算命老師，你不妨多問一些問題，讓自己長知識，也幫助未來能做更聰明的判斷。

> 對權威的一味遵從，是真理最大的敵人。
>
> ——愛因斯坦（Albert Einstein）

注釋：

1.Blass, Thomas (1999). "The Milgram paradigm after 35 years: Some things we now know about obedience to authority." *Journal of Applied Social Psychology*, 29 (5): 955-978。

2.護士們拿了藥之後，在前往病房的路上便會被研究人員攔截，這時才會被告知研究的真相。

3.Langer, E.J."Rethinking the Role of Thought in Social Interaction."*New Directions in Attribution Research*, Vol.2., ed., Harvey, Ickes, and Kidd. Potomac, Md.: Lawrence Erlbaum Associates, 1978。

4.依我國刑事訴訟法第245條第1款：「偵查，不公開之。」同條第3款：「檢察官、檢察事務官、司法警察官、司法警察、辯護人、告訴代理人或其他於偵查程序依法執行職務之人員，除依法令或為維護公共利益或保護合法權益有必要者外，偵查中因執行職務知悉之事項，不得公開或揭露予執行法定職務必要範圍以外之人員。」其實已經明訂不得透漏偵查中案件之人員，加害人與被害人均不在此列，換句話說，接到電話被恐嚇為犯罪者的民眾根本不可能適用偵查不公開的條款。如果需要更詳細的資訊，可參考司法院會同行政院訂定的「偵查不公開作業辦法」：http://law.moj.gov.tw/News/news_detail.aspx?id=89136。

5.http://www.todayifoundout.com/index.php/2015/01/man-sold-eiffel-tower-twice/；http://www.biography.com/people/victor-lustig-20657385#synopsis。

為什麼人那麼容易受騙？ 1

小心權威欺人 | 面對權威你或許會選擇乖乖聽話
但不妨先確認對方真的是權威嗎？

ATTENTION :

詐騙集團的權威欺人三部曲

1
假冒成公務員
以權威恐嚇受害者

2
用話術隔離受害者
避免對方求證

3
表現友善態度
增加受害者信任感

WHAT CAN WE DO?

找個有公信力的單位求證
接到可疑來電
隨時到鄰近派出所備案

留意自己面對權威的反應
與權威交涉時
停下來感受自己的反應

懷疑對方是否為一方權威
多做一點功課
查清楚對方的專業程度

存有任何疑問就繼續追問
追問的過程中
可獲得一些額外的訊息

chapter 5

見獵心喜的盲點

某天，助理跟我說：

「我在領英（LinkedIn，一個給專業人士使用的社群網站）收到一封英文信，一位來自英國理財的專員說，有一位華裔客戶車禍身亡，在當地沒有任何親戚，也沒有聯絡方式，她只知道跟我同姓，並在領英與我聯繫。這人留下了一筆龐大遺產（大約四百多萬英鎊），理專希望我可以充當這個人的親戚來繼承這筆遺產，並讓她抽成。」

我聽到後大喊：「哇！原來連領英上都有奈及利亞419了啊！」

看見助理一頭霧水，我才發覺，這個騙局在臺灣可能還不是很盛行。不過在美國，幾乎每個有電子郵件帳號的人，八成都曾收過類似的信件。

這個騙局源於奈及利亞，而419是當地針對詐騙案件的法規條款編號，所以被稱為「奈及利亞419」。但現在，全世界任何國家都有可能會發生，也有無數個不同的版本，設局的方式都很類似：

一位素昧平生的銀行專員或律師寫信給你，說手上有一筆巨款需要處理，又因為某種因緣巧合而找到你，希望你可以協助他繼承或處理這筆巨款。款項會全額匯進你的個人戶頭，收到之後只要給對方一部分抽成就好。

這筆「需要處理的巨款」通常是好幾百甚至上千萬美金，對一般老百姓來說都是天文數字。這時如果你回信與對方聯絡，他會開始

密切跟你合作。為了把這筆錢過到你名下,還會請律師寫信、找法律證人,甚至端出當地政府官員發出的公文要你簽收。整個過程有時候會拖到好幾個星期,而在參與過程中,許多人就愈來愈相信這筆錢真的要匯進來了。

然後,問題就會開始陸續出現。就在錢即將入帳時,發現文件有個「印花稅」,需要先繳交幾千塊美金。你想說,幾千塊跟一千萬比起來根本九牛一毛,就先墊付了。然後,突然又有某位官員因為反洗錢法而把案件扣下來,需要一、兩萬跟他「疏通」。

總而言之,問題會愈來愈多,愈來愈複雜。每次錢看起來即將到手,連支票影本都收到了,就又有一個小狀況發生,需要先墊一點錢來處理。但你心想,後面有那麼一大筆橫財,我怎麼能輕易放棄這個機會呢?

於是,許多受害人就一付再付,戶頭慢慢被榨乾。

更可怕的是,有些執迷不悟的受害者在進一步聯絡下,還會受對方邀請,親自飛去奈及利亞與「官員」碰面。這時他們很可能會被暴力勒索,甚至被殺害。1999年,有一位挪威知名企業家,就這麼一路被騙到非洲,後來被綁架並撕票。

這個騙局在臺灣還未盛行,可能因為大眾的英語程度有限,但學中文的人愈來愈多,說不定哪一天你也會收到奈及利亞人寫來的中文信件。以前這個騙局都是用郵寄和傳真進行,但現在電子郵件那麼方便,詐騙集團可以輕易擴大規模,甚至運用領英這

樣的平臺。這個詐騙手法愈來愈高明，因為不僅有照片、連領英上顯示的朋友、工作領域、職稱經歷都十分逼真。根據Ultrascan AGI國際徵信社統計，光是在2013年，奈及利亞419騙局就造成了一百二十七億美金的損失[1]。

雖然我認為各位讀者都很聰明，不會被這麼荒誕的騙局擺布，但其實這個騙局之所以如此成功，是因為它操弄了幾個心理盲點，而這些盲點被有心人運用在日常生活之中，讓我們不知不覺上勾，做出一開始不願意做的事情。我們也可能因為同樣的盲點，使自己卡在不幸的狀況裡而無法自拔。在這個章節，我將會教你認清這些人人都有的心理障礙，並教你如何幫自己解圍。

目標愈近，愈危險

1934年，美國心理學家赫爾（Clark Hull）在做老鼠跑迷宮的實驗時，發現老鼠愈靠近終點就跑得愈快。原以為是因為終點的食物，但後來把食物拿走，光是看見終點也會讓老鼠跑得更快。他把這個現象寫入研究報告，稱之為「目標漸近效應」（goal gradient effect）[2]。

人也是一樣。愈靠近目標，就愈有動力跑完迷宮。OK，或許不是迷宮，但賽跑也是。當終點就在眼前時，選手都會使盡渾身力氣做最後的衝刺。

我自己第一次跑馬拉松時，也曾對自己的表現感到驚訝。

當終點就在眼前，原本以為痠到快斷的腿，不曉得從哪裡突然冒出來一股力量，讓我能用跑百米的速度衝過終點線。如果那時候有人跳出來擋路，我可能會直接把對方撞倒在地！

「目標漸近效應」是行為心理學（behavioral psychology）的重要發現之一[3]。許多公司時常會運用這個原理做促銷。

例如，航空公司會來信提醒：「再飛一次，你就能到三萬里程，可以換一張來回機票啦！」。

它同時也是很有效的運動訓練方式。例如當教練說：「只要再跑兩圈，你就可以突破個人紀錄了！」

研究也顯示，在慈善活動中，當募款金額愈接近目標的時候，大眾就會愈發踴躍捐款[4]。

但「目標漸近效應」也有一個隱藏的危機：當我們「見獵心喜」時，也很容易因為心急而變得比較不理智，甚至會為了那個「臨門一腳」而願意付出較高的代價。路途愈長，過程愈辛苦，之前付出的代價愈高，靠近終點時的「目標漸近效應」也就愈強。

假設你今天參加馬拉松，經過三個多小時的折磨和奮鬥，終於到了最後一百米，看見終點就在眼前。你既開心又振奮，加快腳步想要做最後的衝刺時，突然有人冒出來說：「嘿！你願意跑完之後，捐五百塊給我們主辦單位當做護欄基金嗎？」

「啥？呃、好啦好啦！」你答應捐款，賽後才回想：「什麼是護欄基金啊[5]？」

雖然我相信沒有任何路跑單位會那麼瞎，但再想想，有多少次我們會寧願多做點犧牲，就是因為目標就在眼前，不希望自己功虧一簣呢？

你很會做損益評估？

有一次我在瀏覽財經網站，看到了一篇有關礦物投資的報導。這篇報導將近上萬字，巨細靡遺的分析了產業概論，以及某些稀土對電子產業的重要性等等。我花了快一個小時閱讀這篇文章，直到最後，報導的結論提到現今最被低估，也是最有獲利空間的稀土。這時候突然冒出一個廣告視窗：「您已達到閱讀限制，請加入會員，便可獲得我們完整的報告，另外附贈一年的產業分析，還有王牌投資者的祕籍。」

好啦，雖然我心裡很不是滋味，也覺得將近一百塊美金的會費有點太貴，但已經花了那麼久的時間讀這篇文章，不知道結論實在有點可惜，況且可能學到獲利的投資資訊，所以就買下去了。

結果呢？那個我原本連名字都叫不出來的「鈰」，價錢過了不久就直落谷底，只能說，自己不懂的東西絕對不要亂投資！

每個人都會斤斤計較。在面對抉擇時，我們會即時做損益評估：我能夠得到的，是否多過於我將損失的？如果損益差不多，結果也不確定時，大部份的人還是不會隨便冒險。

　　但是，當可能得到的獲益遠大於損失時，人就會開始心動。這時再加上「目標漸近效應」，就足以令人賭上一把。

　　這也就是為什麼，當威力彩獎金累積愈高，雖然得獎機率還是一樣，但就有愈來愈多人想買，而且愈是靠近開獎的時間，投注就愈踴躍。

　　奈及利亞419騙局運用了同樣的心理效應：即使你對這個意外的「緣分」感到莫名奇妙，可是當千萬美金的獲利看來即將到手，只差那臨門一腳時，花幾千塊「疏通」非洲官員，感覺上就成了一筆可以接受的「投資」。

　　曾經有位記者訪問到詐騙集團的成員，對方說，每發出一百封電子郵件，就可能會有三個人回信。只要回信，並配合完成假手續的過程，成功率就已經超過七成。當受害者匯出了第一筆款項後，成功幾乎是手到擒來。

　　我們一般認為自己的評估會是理性的，但事實上，當我們投入的金錢、時間、情緒愈多，反而會陷得愈深，變得愈不理智。這就叫做「沉沒成本謬誤」（sunk cost fallacy）。

在颱風天等LV

　　「目標漸近效應」和「沉沒成本謬誤」，曾讓我的一位女性好友差點被騙十幾萬，但不是被奈及利亞人，而是被身邊的姐妹淘！

Catherine是一位在外商工作的粉領小資，她聰明能幹，談吐俐落，看起來絕不是個好騙的人。

事情發生的半年前，她認識了一位新朋友Angel。Angel熱情又體貼，經常請Catherine吃飯，約她去看電影，找她一起逛街、蹺班喝下午茶，兩人很快就成為了麻吉。

某天，Angel跟Catherine說，她有個朋友叫Raylin，在法國的精品集團裡上班，可以用員工價買到名牌包，問Catherine有沒有興趣。在法國買精品本來就比臺灣便宜，還有員工折扣，等於臺灣專櫃價的五折不到，當然划算！於是，Catherine趕緊匯錢，訂了兩個包給自己當生日禮物，等Raylin下次回臺灣時把包包帶給她。

於是幾個星期後，Raylin傳來了一封電子郵件：「嗨，我回來臺北了！本來要跟妳碰面的，但抱歉這次行程太趕，我來不及把妳的包包帶回來。我過兩天又要回巴黎，看妳還需要什麼，目錄上隨便挑，多少都可以，我再一起寄國際貨運給妳吧！」

Catherine雖然有點小失望，但既然Raylin說可以隨便挑，她心想，那就趁機多買一些，畢竟這種當季款名牌包很搶手，轉賣還能小賺一筆，連Angel也說自己會跟Raylin多買一些，於是Catherine找了一、兩個同事一起合資，還跟男友借錢，一口氣買了十幾個包。

接著幾個星期，Raylin陸續寄出了好幾張出貨單，還有自己拿著包包的照片：「嘿，這個是新出來的限量款，喜歡嗎？」當然

喜歡！Catherine 和同事們又再加碼了一次。

終於，貨運公司通知她說：貨到臺灣了！但是又說卡在海關，需要申報。等了好久，總算出關了，但原本要送貨的那天又遇上颱風，Catherine 在家裡苦等了一整天，還是沒等到。

經過了一波三折，而且每次都「剛好」有狀況一再延期，讓 Catherine 的男友開始起疑。他查了貨運公司的地址，發現那裡是一塊空地，打電話過去也只有語音留言，讓他覺得愈來愈不對勁。

不過 Catherine 還是相信：「貨都已經到臺灣啦！我們也都有出貨單證明！」她去問 Angel，Angel 也說自己有點著急，但因為之前跟 Raylin 買過不少包包，應該是不會有問題的。

但身為局外人的男友覺得疑點實在太多，於是用追蹤 IP 的軟體查看之前 Raylin 和 Catherine 的通訊紀錄，這時赫然發現，Raylin 所有的電子信箱、通訊紀錄、出貨單等等，都不是源自於法國，而是 Angel 平常上班的那家公司。

換句話來說，Raylin 就是 Angel，Angel 就是 Raylin。Raylin 沒有在法國的精品集團工作，因為她根本不存在！連她拿著包包的照片，都是從網上隨便抓下來的！

後來，Catherine 的男友找了律師，跟 Angel 對質。Angel 看到證據齊全，只好認了，並簽下本票，退還所有之前騙的錢。這時 Catherine 才徹底夢醒。男友本來想告 Angel 詐欺，但律師說這種案子耗時也未必能拿到什麼賠償，還是算了。

從此，Angel便消失在Catherine的生活圈。

多年過去後，Catherine每次想起這件事，都還是很感傷。

「她怎麼能那麼大膽？她以為能騙到什麼時候！」

誰知道？搞不好這個騙局繼續演下去，某天Catherine會收到一封來自這個「法國精品集團」的存證信函，控告Catherine非法進口水貨。說不定Angel和「Raylin」這時還會協助「私下和解」，讓Catherine覺得貨品被沒收但逃過一劫，而感激萬分呢！

這個故事令我驚訝的是，連Catherine這麼聰明的女生，即使遇到了那麼多不合理的狀況，還是會相信那只是「不巧」，甚至還繼續加碼匯款，直到聽了當事人告白才恍然大悟。還好她有個略懂電腦和法律常識的男朋友，及時揭穿了這個騙局。若整個流程按照Angel的計畫走完，說不定Catherine現在還會認她為好麻吉呢！

當人付出得愈多，就會陷得愈深。損失了一點，就會更難設停損點。

所以即使電影再難看，但既然買了票，你還是會把它看完。

即使在牌桌上輸個精光，你還是會想上訴，再賭幾把。

即使這段感情早該結束，但因為已經投入了那麼多感情，你還是會捨不得放手。

我們自認理性，卻充滿了矛盾。

小心你的情緒

浪漫派的人往往把「Follow your heart」這句話掛在嘴上，但在我們已經受到「目標漸近效應」和「沉沒成本謬誤」的影響時，意氣用事反而是危險的。

在臺灣除了「冒充公務員」和「網路交易詐騙」之外，第三種最常見的騙局，就是「假援交，真詐財」。

過程是這樣的：歹徒先假冒成正妹，用一些性感的照片在社群網站和LINE等即時通訊平臺勾引網友，認識之後就說自己缺錢，所以有在兼差援交。如果網友表示有興趣的話，正妹就會立刻跟他約在附近某間便利商店相見。

當網友到了約定的地點時，正妹會用訊息請網友先購買遊戲點數轉給她，因為那樣「比現金安全」。網友轉了點數後，正妹還是不會出現，說為了保護自己，要網友再轉一筆「保證金」。如果網友遲疑，正妹就會用溫柔調情的言語懇求：「拜託啦，你都已經來了，只有第一次是這樣，才能確定你不是警察。我一見面就會立刻把錢還給你，以後再也不需要這麼做了，我一定會讓你想跟我一直見面的！」

許多宅男看到這樣的訊息就崩潰了，乖乖匯款給對方。與其說他們天真，不如說是當下精蟲衝腦。接下來就會有自稱應召站老闆的人來聯絡，用「確認身分」、「江湖規矩」、「小姐保釋金」等

各種理由要求更多匯款。如果對方拒絕，老闆則會用很江湖的口氣恐嚇「看到時候是要斷手斷腳隨便你」。許多宅男就這樣被騙走好幾萬的辛苦錢，而且常常不敢報警，因為實在太丟臉了。

人們一旦慾火焚身，理性思考就掰掰了！那感覺就像喝醉一樣，會令人更大膽、更不顧慮風險，甚至連道德標準都會失守[6]。難怪有人會說「英雄難過美人關」！

但這個現象也不只限於情慾；任何強烈的情緒都會影響思考，包括生理狀態。當人累了、餓了、急了、氣了，思考的方式都會不同，做的決定也可能相差很大。懂得操弄情緒的人，就會利用你當下的狀態「順水推舟」，讓你答應他的要求。

跳脫有心人的陷阱

人人都會見獵心喜，也都捨不得浪費，所以「目標漸近效應」和「沉沒成本謬誤」才會是那麼有效的心理戰術。現在你知道這些背後的原理了，那我們該如何保護自己，避免落入有心人的設計呢？我把建議整理為三個最關鍵的重點：

1. 記得說：「給我一點時間。」

這是最基本，也是最重要的一句話。只要你感覺到絲毫的不對勁，就把這句話說在任何決定之前。

　　無論事情感覺多麼急迫，「給我一點時間思考」是你永遠都有權利要求的。如果對方明顯表示不悅，甚至開始耍狠的話，那就是一個很強的警訊。

　　不要受到對方的慫恿或激將，絕對要堅持給自己一點時間。無論你自己內心有多著急，多想說YES，也一定要這麼做。如果對方急著問：「多久？」你就說：「幾分鐘就好。」然後趕快離開當下的環境，找個地方深呼吸幾次，去廁所潑一些冷水在臉上。

　　但給自己時間的原因不是為了要思考，而是要讓自己先冷靜下來，與當下的情緒建立一點距離感。

　　當你處在很情緒化的狀態當下，思考很可能是扭曲的，而且如果對方掛了一個很大很香的紅蘿蔔在你面前，或是在臨門一腳的急迫關頭上，你先要搞定的敵人其實是你自己。這時候無論想什麼都沒用，搞不好只會更加說服自己做原本打算做的決定。

　　趕快先冷靜！然後立刻進行下一個步驟。

2.把自己變成第三者

　　是的，這是一個很奇怪的技巧，但相信我，實在很有效。

　　打電話給一個朋友，問他：「你方便說話嗎？我想跟你講一個故事，請教你的意見。」朋友可能覺得你這麼問有點奇怪，但只要他願意給你幾分鐘，你就把事情和當下的心情敘述給他聽，不過重點是：不要說「我」，一定要用第三人稱。

　　舉例：「假設有個人，我們叫他小明好了。小明被邀請去奈及利亞，因為那裡有人要他幫忙處理一件事，可能會拿到很多錢，不過要先去那裡跟對方碰面。」

　　「小明抽獎抽到了免費去沙巴渡假的機會，在那裡被招待得很不錯，玩得很開心，到了最後一天，在一個解說會上被邀請購買timeshare，投資渡假村小木屋。機會很難得，小明覺得很心動，銷售人員既熱情又客氣，小明本來就是濫好人，所以覺得很不好意思……你會怎麼跟他說？」

　　這時候你朋友很可能會問：「你就是小明吧？」

　　但你還是要堅持用第三人稱把這個故事說完，而且如果朋友給任何意見，也請他務必用第三人稱而不是說「你」。

　　為什麼這麼做，是因為一個很奇妙的現象，叫做心理距離（psychological distance）。

　　當我們用第三人稱來敘述自己的遭遇時，會產生一種疏離的效果，根據研究顯示，這種距離感會讓人比較能夠脫離情緒，也比較能夠理性思考。

　　於是：「我有個夢想，這個月要減肥三公斤」以及「小明有個夢想，這個月要減肥三公斤」，感覺就很不同。

　　對於「我有個夢想」，身邊的朋友可能會給與鼓勵：「很好啊，你一定可以的，加油！」

　　但變成「小明的夢想」，朋友可能就會說：「那小明一定得少吃

多運動囉，不然怎麼可能？」

　　抽掉了個人關係和「自我」，人們回應的態度就會變得務實、理性許多。

　　如果這個朋友擅長聆聽，而且又與這件事沒有任何的利害關係，可以當公正的局外人時，往往就能提出一些疑點，是深陷其中的你看不到的。

　　如果沒有人能聽你分享，那就用紙筆把故事寫下來，一樣用第三人稱。寫完之後再讀，可能覺得像是一個陌生人的故事。

　　這時候你可以問自己：

　　「小明的夢想，會不會有點不切實際？小明的情緒投入，是否有點過火？」

　　「小明所遭遇的事情，是不是有太多巧合了，這不太合理？」

　　「人家給小明的承諾，聽起來會不會太過於美好？」

　　「小明已經付出的代價，會不會是他不想放棄的主要原因？」

　　「小明有考慮過這背後的風險嗎？我會建議小明怎麼做？」

　　你很可能會發現，光是像這樣換個角度，整件事情就會感覺很不同，思考也會客觀很多。

3.將「好強」轉為「好學」

　　如果你已經付出了一些代價，甚至開始承受損失，那就必須為自己設停損點。

但是很多人設了停損點卻又無法停下來，違背自己的原則。這些人往往是因為過於好強，不願意認輸，或覺得被人耍了就要扳回一城。

豈知，人在這種狀態下，反而是一塊肥肉！在奈及利亞419騙局中，當受害者已經發現自己被騙時，有時還會有另外一組人冒充「奈及利亞偵查局」前來聯絡，說他們掌握到了歹徒的行蹤，將會協助逮捕並退還金額，只需要一些手續費用，然後把受害者再剝一次皮！

你或許會覺得：怎麼可能有人那麼笨？但當人在氣頭上時，是最容易被操弄的。為了報復，他們什麼都願意相信。

如果你有一顆很強的自尊心，又不輕易服輸的話，你得學會轉念，把「好強」轉為「好學」。

學什麼？學經驗啊！

矽谷創業文化有句名言：「趁早失敗、多多失敗，但不要一直以同樣的方法失敗。」

失敗不是問題，每個人都有可能會出錯、會吃虧、會受騙，但這些慘痛經驗所帶來的學習，是受用一輩子的。我們都在錯誤中成長，也都曾經摔過大跤——起碼最成功的人都是如此。

所以如果被騙了，就把它當成是「繳學費」吧！把這個經驗跟別人分享，也可以幫助別人預防受騙。

這讓我想起之前在上海虹橋機場，曾經被一名自稱「鄒文良」

的先生騙過一千多塊人民幣。他說自己在上廁所的時候，背包被人偷走了，需要借錢辦臨時臺胞證，回臺灣就會還我。看在幫助同鄉的份上，我把錢借給了他，當然後來就沒下文。上網一查，發現這傢伙還騙過不少人。我後來也把這段經驗寫成一篇散文，叫〈老鄉老鄉，背後一槍〉。

最近，有位讀者傳了一份《澳門日報》的新聞給我：

「【本報消息】一臺灣男子近期在澳門國際機場先後向三名同鄉聲稱遺失護照及金錢，但急於趕回臺灣，伺機詐騙金錢，其中一人上當，報稱損失約六千五百元。治安警接報拘捕涉案男子。被捕男子姓鄒，四十七歲，臺灣人。治安警落案控以詐騙罪，移送檢察院偵辦[7]。」

不確定是不是同一個傢伙，但看到這消息還滿爽的。

我相信，有廣泛透明的資訊分享，能讓「鄒文良」、「Angel」這種騙子愈來愈沒藏身之處。有不少曾經被「奈及利亞419」騙過的受害者，如今也開設許多網站，教人如何認清這種騙局，甚至還教人怎麼反向操作，讓那些騙子誤以為自己釣到大魚而白忙一場，算是一種「以詐止詐」吧！

把好強轉為好學，把經驗轉為精明。君子報仇，十年不晚！

注釋：

1.http://www.geektime.com/2014/07/21/millions-of-victims-lost-12-7b-last-year-falling-for-nigerian-scams/。

2.Hull, Clark L. (1934), "The Rats' Speed of Locomotion Gradient in the Approach to Food." *Journal of Comparative Psychology*, 17 (3), 393-422。

3.Kivetz, R., Urminsky, O., Zheng, YH. (2006), "The Goal-Gradient Hypothesis Resurrected: Purchase Acceleration, Illusionary Goal Progress, and Customer Retention." *Journal of Marketing Research*, Vol XIIII, 39-58。

4.Cryder, C., Loewenstein, G., Seltman, H. (2013), "Goal gradient in helping behavior." *Journal of Experimental Social Psychology*, 49 (2013), 1078-1083。

5.當然沒有護欄基金啦，那是唬爛的！

6.這是有實驗證明的：當人在「性慾高漲」的狀況下填寫問卷時，會對各種性偏好展現較大膽的態度。Ariely, D. & Loewenstein, G. (2006), "The Heat of the Moment: The Effect of Sexual Arousal on Sexual Decision Making." *Journal of Behavioral Decision Making*, 19, 87-98。

7.《澳門日報》，2015年6月23日星期二。

為什麼人那麼容易受騙？2

小心見獵心喜

面對抉擇你會做損益評估
卻可能變得愈來愈不理智

目標漸進效應
Goal Gradient Effect
投入愈多成本我們會變得愈不理智
最後愈陷愈深無法自拔

沉沒成本謬誤
Sunk Cost Fallacy
愈靠近終點我們會變得愈不理智
甚至願意付出較多代價以完成目標

WHAT CAN WE DO ?

給我一點時間
只要感到絲毫不對勁
就把這句話說在任何決定之前
這麼做不是為了要思考
而是要讓自己先冷靜下來

跳出來看自己
用第三人稱敘述遭遇
會產生一種疏離的效果
讓人比較能夠脫離情緒
也比較能夠理性思考

Keep your eyes on the prize... But look out on the side !

chapter 6

對號入座的盲點

「曾經有朋友在臺北書展的世貿展覽館外，被兩個假尼姑騙了
八萬八千元！可能因為朋友那陣子經常為小孩的問題煩惱，所以
那兩位假尼姑不知道是有些通靈呢，還是從朋友的神情看出她有
煩惱，就跟她談起要怎麼樣才能消災解厄，要發大願，要一次點
多少光明燈等等，才能很快讓小孩改善狀況。而且朋友說身上沒
那麼多錢時，她們還說可以跟她到附近提款機領錢……不知道我
那位平日很聰明的朋友，為何後來就真的去提款機領這麼多錢給
她們。當她知道受騙時，她也覺得不可思議。她說，那兩位尼姑
好像真的可以看穿她的心思，一問一答之間，真的讓她相信她們
知道她的小孩為何會在這一世遇到這麼多的事，仿佛她們很早就
認識她的小孩一般。」

　　以上是一位讀者分享的故事。如果你覺得八萬八千元很貴，
那《紐約時報》今年有這麼一則新聞，更扯：

　　一名三十二歲的紐約男子為了求愛，所以找了「靈媒」幫忙。
靈媒告訴他：「你愛的女子對你無動於衷，是因為你身上有太多的
負能量，需要施法。」法器是什麼呢？Tiffany鑽戒。
　　於是，這名男子買了鑽戒給靈媒，但完全無效。
　　靈媒告訴他：「你們是絕世佳人，但是兩人都卡到陰了，這個
陰魂非常難纏！」於是男子又付了巨款讓靈媒舉辦各種法事。

靈媒又說，需要一個「時光機器」回到男子的前世消除孽障。而這個時光機器就是一只價值三萬美金的勞力士手錶。

男子買了錶後，靈媒又說需要搭一座靈界的橋樑，要價八萬美金，後來又說橋不夠長，男子再付了一萬美金。

某天，這名男子在臉書上看到一則消息：他所心儀的對象已經死好一陣子了！

他回去找靈媒算帳。「哎呀！」靈媒說：「你看！這個陰魂果然厲害，都把她給弄死了！」

結果這名男子不但沒醒悟，還付了更多錢讓靈媒把孤魂安置到下一個戀愛對象身上。前後折騰了將近兩年，把他所有的積蓄都搾乾了，最後這位痴情男子才不得已去找警方求救。

警察把他前後付給靈媒的錢統統加起來，嚇了一跳：

七十一萬三千九百七十五元，美金！

警察可能會想說：我選錯行業了！天底下怎麼會有這麼好騙的人？就是有，而且還多的是。

報紙上總是會出現這種騙財，甚至騙色的新聞，有時候還從社會版跨上頭條。

令人不解的是，當這些人聽到要「在陰間購買地契」、要「陰陽雙修」這種明顯對他們不利的歪理，怎麼可能還會相信？

這篇就是要解釋，這些騙局背後的盲點。

　　雖然一般人不會被騙得那麼慘,但因為這個盲點會讓人不知不覺上當,所以發生在身邊的機率還挺高的。被騙的人會相信,因為他們希望相信,而且也需要相信。

　　以下,將揭開這些人人都可能會有的,而職業騙子一眼就能看穿,並且趁機而襲的心理空洞。希望看到最後,能夠讓你理解的是:

人生最大的不幸,
就是把自己的命運交到別人手上。

可控制的錯覺

盲點一:愈無法控制的事情,我們就愈相信它能夠被控制。

　　這聽起來很饒舌也很矛盾,讓我來解釋。

　　1967年,社會學者詹姆斯‧漢斯林(James Henslin)觀察業餘賭徒的行為,發現很多人在丟骰子時,如果希望得到比較高的點數,會丟得比較用力;如果只希望得到一點或兩點,就會輕輕的丟。但這不能算是迷信,因為他們多半不知道自己會這麼做,不過這種下意識行為,顯示了他們多少覺得這麼做會有效果。

　　當然我們都知道，只要骰子是公正的，丟的輕重不會影響它的點數。但我們還是會改變力道、用特殊的手勢、唸個咒語、向它們吐一口氣。總而言之，什麼都不做，完全聽天由命，總是會讓人覺得彆扭[1]。

　　這個現象叫做「控制錯覺」（illusion of control）。我們需要對生活有控制感，而且相信自己能控制一些明明無法控制的事情。即使我們知道那種控制感可能是假的，我們還是需要它。

　　所以你會發現，人最覺得生活失去控制，或面臨重要決策而不知該如何進行的時候，也會變得最迷信。

　　美國前總統雷根就任時，就是由占星老師來做國家決策。前白宮幕僚長唐諾·黎根（Donald Regan）爆料：「總統的每一個行程和重要決策，都會事先讓一名住在舊金山的女士過目，由她根據星象圖來判斷時機是否合適。」如果這位占星老師覺得時機不好，第一夫人就會直接取消總統的行程，有時候一次就延誤好幾天。

　　國家元首竟然讓一位平民做這麼敏感又高機密的決定，這個消息爆出，當然引起了一陣譁然。第一夫人南西·雷根（Nancy Reagan）在自己的回憶錄中也承認的確有這回事，但她解釋：自從1840年，每一位在尾數「零」年份當選的美國總統，都會在任內突然去世或被暗殺，因此有所謂的「二十年魔咒」傳言。雷根在1980年當選，上任後不久就險逃一次暗殺，讓她非常擔心先生的安危。而且她說：

「我這輩子多半都在演藝圈,而演藝圈是非常迷信的。或許因為演藝生涯多變又難以預測,所以每一位我認識的藝人或多或少都有點迷信。我的母親曾是演員,而她確實也對我有所影響[2]。」

每當感受到人生無常,我們會去尋找各種方法來對抗無常。因為「不確定感」會帶來焦慮,而焦慮一時無法化解時,我們什麼都願意嘗試,因為有行動總比沒行動好,有一點資訊,哪怕它是來自冥冥之處的資訊,也算是有一點參考價值,不是嗎?

當經濟不景氣的時候,算命老師的生意最好。

當人失戀的時候,月老廟就會香火鼎盛。

當股市下跌時,財神爺那裡就大排長龍。

當親人病倒時,各種密醫法師民俗治療偏方就會陸續上門。

找方法降低自己的焦慮和不安,是很正常的行為。透過宗教信仰獲得精神力量,只要是善良正派的,也對人有益。

但你需要特別小心,因為人在最困惑、最脆弱的時候,不但最容易聽信胡說,受人控制,而且你心事重重的樣子,也很容易被職業騙子一眼看出來。

房子失火了會有很多人跑過來, 但不是每個人都是來救火的。

主觀的誤判

盲點二：**因為我們渴望相信，所以很樂意對號入座。**

在撰寫前作《Get Lucky! 助你好運》時，我設計了一份心理問卷，在網路上提供給一萬多人填寫。經過量化統計和質化分析後，我發現這本書的讀者群有一種很獨特的個性，很可能包括你在內：

「你是一個很會反省，甚至會自責的人。你有許多潛力等待被開發，只是目前還沒找到著力點。你善於獨立思考，沒有證據不會隨便信賴別人。雖然你的外在讓人覺得自信，其實你內心缺乏自信也時常在煩惱。你渴望安穩的生活，也知道自己有能力獲得，但還是會追求一些不切實際的夢想。你終究還是喜歡人生有些彩度和變化，所以每當被規範或限制時，就會開始不滿而叛逆。」

你覺得以上的分析準嗎？如果你覺得這正是形容你，那請多買幾本書表示支持，感謝！

好啦，我必須承認，那不是我做的分析。這些句子其實來自一本「非常限量」的「神祕書籍」，叫*Journal of Abnormal and Social Psychology*[3]。

它的作者伯特倫・弗爾（Bertram R. Forer），是一位心理教授。

1948年，他請班上的學生填寫一份詳細的心理問卷，一週後讓每個學生獲得一份專屬自己的個性分析報告。每個學生讀後都覺得分析得很準，命中率平均在85%以上。

然後弗爾在課堂上請學生們彼此交換，大家才發現每個人都收到了一模一樣的報告。

這時教授也認了：這些句子也不是自己寫的，而是從一本報攤買到的占星學手冊抄下來的！

仔細再看看以上的分析。每一句或許都形容了你，但也幾乎形容了所有的人。

這種「對號入座」的現象，後來就被稱為弗爾效應（Forer effect）。這個效果幾乎顯現在所有人身上，而且不分文化和背景，不僅多次被實驗證實，而且許多人在收到了真正的個性分析報告之後，反而還會覺得「通稿」更準[4]！

而根據研究，要讓人對通稿的訊息感受到最高的「準確度」，有三個條件：

1. 訊息必須「個人化」：對象必須相信這是為他量身定做的分析結果。
2. 對象必須信服分析師的權威。
3. 分析內容必須褒多於貶，最好是先褒再貶。

如果符合以上三個條件，那大部份的人就會樂意對號入座，而且還深信不疑。

你是獨一無二的……就像其他人一樣。

——無名氏

一位靈媒的自白

馬克·愛德華（Mark Edward）是一位職業魔術師，也曾經做過靈媒。退休後，他寫了一本自傳，也算是一本自白，書名叫做 *Psychic Blues: Confessions of a Conflicted Medium*（心理藍調：一位矛盾靈媒的自白）。

他的算命職業從電話熱線開始。在1990年代，美國曾經有個名叫「心靈之友」（Psychic Friends Network）的靈媒專線，在深夜的電視頻道時段連續打廣告，號稱聘請了美國最厲害的通靈人士，能透過電話為你指點迷津。

在鼎盛時期，這個靈媒專線一個月業績就高達三百萬分鐘，年收入一億四千多萬美金。愛德華是他們的紅牌靈媒之一，但他自己薪水不高，大部份的獲利都被電信公司和靈媒專線的母公司

抽走了。

他可以在家裡接電話，但睡眠品質很差，因為工作高峰都在深夜。有困擾的人多半是因為失眠，或是剛好在電視上看到廣告而好奇打來。

他形容一個典型的通話過程：深夜鈴聲響起，他從夢中驚醒，趕緊打起精神，拿起話筒說：「歡迎打來心靈之友，我是Mark，分機7408，請問可以怎樣幫助你？」

隔了好久之後，終於有一個細小怯懦的聲音說：「你好，我是Ginger。」

「你好，Ginger，很高興妳打來。有任何特別的問題想問我，還是要我先感受妳的氣場？」

「嗯……其實我只是好奇你會跟我說些什麼，前面五分鐘免費對嗎？」

靈媒專線的賣點就是號稱「前五分鐘免費」，之後每分鐘四塊美金（大約一百二十塊臺幣），所以接電話的人必須在這前五分鐘把對方牢牢抓住，才會有賺頭。

「Ginger，我首先感受到的是妳不安的氣場。妳似乎卡在一個令妳感到孤獨又無助的狀態。」

「嗯，沒錯。」Ginger回答。

她的聲音有些沙啞，帶了一點鼻音。這是個線索，讓Mark知道：她不久之前剛哭過。這時，愛德華根據他對Ginger年齡的判

斷，已經可以按表操課了。

　　「我感受到妳有感情上的困擾，有時會讓妳害怕。」愛德華說：「妳身邊有很多人一直想『拿』，而妳大部份的時候都樂意『給』，但這會讓妳很不快樂。我不會建議妳改變這種善良無私的個性，因為這是妳的天賦。不過，現在是一個重新評估的機會，讓妳對過去幾個月所失去的事情有個交代。妳必須要知道，其實別人需要妳，遠多於妳需要他們。」

　　Ginger沒有回應。愛德華有點緊張，但總算是聽到話筒傳來一陣唏噓。Ginger哭著說：「是啊！你完全說對了！」

　　「我可以感受到妳身邊有人在等著妳採取行動。妳必須堅強一點，話說『對付公牛就要抓住牠的角』……」

　　突然，Ginger大聲說：「天哪！你怎麼知道？我前男友就是個典型的金牛座，就是個牛脾氣！」

　　一通電話只要這樣「命中」了一兩個細節，對方就會成為鐵粉！現在愛德華可以再從容的花好幾分鐘給Ginger一些「來自靈界的智慧」，說穿了就是「不要把時間浪費在不值得的人身上」這種籠統的建議。

　　最終，愛德華還囑咐Ginger趕緊動起來，不要再講電話了。這一來是善心的建議，二來是因為這通電話已經很久了，愛德華擔心費用太高會成為呆帳。

　　「說穿了，其實『通靈』就是專注的聆聽。」

愛德華在他的自傳上寫著：「這不需要投機取巧。我雖然曾經用過一些下流的手段欺騙人家，但最終我還是發現，客戶對於我「天賦」的信任，跟這些技巧一點關係都沒有。人啊，還是會相信他們想要相信的。⁵」

總而言之，如果你相信對方，覺得他是針對你，而且說了一些讓你開心的話，絕大部分的人都會很開心又樂意的對號入座，把「通稿」認為是「通靈」。

> 我賣的就是希望，
> 而這必須用毫無遲疑的言辭
> 和絕對的信心才能賣得出去。
>
> ——馬克・愛德華

確認後的偏見

盲點三：一旦對號入座，我們就會繼續對號入座，就算有人提出反證據，我們還是會堅信自己是對的！

這個盲點相當厲害，我甚至認為它是社會亂源之一。

每個人都有一套「心理自衛系統」。就像免疫系統一樣，我們會自動阻絕那些外來的、對我們身心造成威脅的干擾。包括病毒細菌，也包括了挑戰我們價值觀的思想。

我們會慣性挑選只看我們想看的，聽我們想聽的，並忽略那些不符合我們內心標準的訊息。而這種現象叫做「驗證性偏誤」（Confirmation Bias）：人會主動尋找訊息來確認並加強自己固有的價值觀和信念。

這是一個人人都有，也很難改的習慣。改變很難，因為改變是痛苦的。

你還記得自己的叛逆期嗎？當我們脫離父母親和長輩的價值系統，開始建立自己的世界觀，在那個混亂迷茫、渴望獨立卻又缺乏自信的年歲，是每個青少年必經的痛苦歷程。

但經過了一番掙扎、挫敗和思辨，透過學習、旅行、交友、戀愛，人生的遭遇讓我們建立了新的認知，逐漸獲得成年之後的穩重。這時如果要你再經歷一次叛逆期，瓦解之前的價值，重新再來？算了吧！何必再痛一次？

人一旦定了型,就很難自願改變。

2008年美國總統大選時,學者分析了亞馬遜網路書店的購書趨勢,發現支持歐巴馬的政論書籍都是歐巴馬的支持者在購買,而反對歐巴馬的政論書籍,都是原本反對歐巴馬的人在買。換句話說,選民買書不是為了獲得更多元的資訊,而是為了更加確認自己的政治立場[6]。

在臺灣也是一樣,偏藍的觀眾只看親藍的媒體,偏綠的觀眾只看親綠的媒體,偶爾會轉臺,但看久了就渾身不舒服。

照理來說,網路論壇應該促進公開的辯論和交流,但這麼多年下來,大部份網民還只跟立場相同的網友一起打嘴炮,與那些立場不同的人筆戰。因此從今年開始,許多歐美的網路媒體已經陸續關閉文章底下的留言板,因為他們覺得那些留言板裡面的「對話」所增加的智慧價值不多,反而加深偏激跟對立,讓整個版面的IQ下降[7]。

以前,當我在廣告公司做市場研究員時,就發現客戶往往只想聽自己想聽的結果。很多客戶第一次來參與簡報時,已經帶著很深的預設立場。研究報告若不符合他們的立場,他們就會把它當耳邊風。有些客戶甚至會用市場研究來推動自己的議程,等於借刀殺人。

某次我為客戶安排了一場焦點會議,找不同族群的消費者來深度訪談。客戶是一家餐飲公司,正在評估是否需要轉換經營模

式。公司裡一個派系希望以加盟方式快速發展，另一個派系則希望維持直營。兩個派系都個別來了一個代表，坐在單面鏡後的密室裡。

訪談進行中，每當消費者說一些對加盟店有利的話時，我就看見加盟派的經理拚命點頭並狂寫筆記。但當消費者表示：「我覺得老店還是品質最可靠」，則換直營派代表興奮的寫筆記，另一派則冷冷的坐在那裡，好像什麼也沒聽到。

事後，我分別問兩位經理對這次訪談的感覺。

加盟派說：「很好！完全證實了加盟的必要！」

直營派說：「很好！消費者明顯表示應該維持直營！」

同一場訪問，兩個經理只聽到了自己想聽的部分。

逆火效應

當我們原本沒有立場，但後來有了立場，「驗證性偏誤」甚至會改變我們的記憶。

有個很有趣的實驗證明了這一點：實驗者先請一群人看一篇文章：〈Jane的一週生活〉。在這篇文章裡，Jane 有時候似乎很內向，但有時候她又似乎很外向[8]。

過了幾天，同樣一群人被分為兩組：一組人要評估 Jane 是否適合當一個圖書館管理員，這是一個典型的「內向」工作；另一組

人則是要評估Jane是否適合做一個房屋仲介，這則是一個典型的「外向」工作。

結果顯示，兩組人馬對Jane的印象有不少差異。「圖書館組」比較容易記得Jane一週內做了什麼內向的事，而「房屋仲介組」則比較容易記得Jane做了什麼外向的事。他們的記憶，已經被他們要評估的立場所影響了。

有趣的是，一旦兩組人做了決定，再回頭看到原來的文章時（也就是形容Jane既內向又外向），不但沒有改變立場，反而還更加堅信他們的決定！

這個現象叫做「逆火效應」（backfire effect）：你很難用證據去改變一個人的觀點，除非他自願改變。如果對方不願改變，提出更多證據只會讓對方更加堅信自己的立場。

當愛德華在電視上公開承認自己是個假靈媒之後，竟然還有現場觀眾在後臺找他算命，因為他們堅信愛德華是真的會通靈，只是被迫說自己不會！

在愛情交友網站上，有不少女孩子被冒稱是富二代或貴族的「真命天子」騙走了畢生的積蓄。後來逮捕了嫌犯，即使鐵證就在眼前，還是有不少人拒絕控訴，因為她們還是堅信「他其實是真的愛我的，他是被陷害的！」

一個壞掉的鐘，一天也有兩次對的時間。

Even a broken clock gets the time right twice a day.

——無名氏

包著糖衣的特效藥

從以上的三個盲點，你就知道為什麼有那麼多人會受騙了。

你可能覺得我反對算命和玄學。其實不然！我有好幾個朋友是命理師，有時候我也會聽取他們的意見。

他們在社會上有重要的價值。因為，在以前的社會，巫師和祭祀其實就跟心理醫生差不多。

礙於職業規範，心理醫生不能輕易的跟病人說「我覺得你的問題就是怎樣」，也不能隨便提供人生建議。但算命老師可以開門見山，斷口直言。撇開超能力不談，光是多年的閱人經驗和敏銳的觀察力，他們所提供的意見還是值得參考。

有位心理醫師朋友還跟我說，其實有些在廟裡工作的人也有心理諮商背景。若是碰到了超出他們輔導範圍，實際需要就醫的信徒，會透過「神明」把他們介紹到醫院。

民間有很多非科學類的導師，憑著善念和助人之心從事他們的工作。他們懂得聆聽，並給與智慧建議，讓人受惠良多，撫慰人心。他們做的是輔導師的工作，收取鐘點費當然也合情合理。

　　但我反對和鄙視的，是那些刻意利用人的弱點，用各種騙術把人榨乾的神棍。他們的目的不是幫人過得更好，只是想從別人身上獲得最多的利益。

　　多年的學術研究，使我變得理性。但同時，我不會狂妄自大的說玄學就是一堆屁話。科學總是在進步，新知總在推翻舊認。我們唯一能夠確定的是：世界上還有太多事情，是現今科學無法解釋的。

　　在這些神祕現象之中，有最多科學記載、但還是無法用科學解釋的現象，就是「糖衣效應」（placebo effect），相信你一定聽過。

　　給病人吃個假藥丸，騙對方說是特效藥，很多病人就會好起來。為什麼光憑信念，就能讓人不藥而癒？而且這還不是偶爾才發生的奇蹟，令人吃驚的是，糖衣效應超乎想像的有效！

　　自認為吃了認為是特效藥的「糖錠」之後：

　　40％的頭痛患者就不痛了。

　　50％的胃潰瘍和結腸炎患者，有了明顯的改善。

　　40％的不孕症患者懷孕了[9]！

　　幾乎每種疾病都會顯示糖衣效應，有些多，有些少，但對於過敏症、氣喘、精神病來說，糖衣效應有時甚至可以媲美真藥！

　　也因為這樣，現代醫學界在審核新的藥物時，必須先做雙盲試驗（double-blind testing），證明這個藥明顯勝過糖衣效應，才算真的有效。

　　對於糖衣效應，醫學界有各種不同的解釋，但事實上，沒有人真正知道為什麼糖衣效應那麼有效。我們只能接受這個事實：信念能夠產生讓人痊癒的力量，而且是超乎常理的。

　　當然，我們絕不能光憑信仰過日子，生病不找醫生，有問題不去面對，那只是逃避現實，最終還是害到自己。但同時，我們也絕對不能忽視「正念」、「希望」和「意志力」的重要。

　　而且，這些信念的力量，其實都是源於自己。這是多麼令人振奮的發現！讓自己健康快樂，把厄運轉為好運，有一大部分的控制權，就掌握在自己的手裡。

　　這就是希望的力量，而且希望是免費的。

　　但同時，希望也是可以被販售的。有心人會說：「你必須要付這些錢、做這些事，才能得到希望。」他們賣的可能只是糖衣，靠你的信念賦與了價值。但當你深信不疑，依賴糖衣的慰藉時，那賣家就能隨便喊價。

　　把你原本有的東西拿走，標上高價再賣回給你，這就叫做騙局。

　　我不會叫你改變信念，只要信念能夠給你希望、給你力量，而且是善良正向的。

檢視你的信念

你有權利不改變你的信念。

但同時,我要你問自己三個問題:

1. 我的信念是否很昂貴?維持這個「信念」是否已經讓荷包大幅縮水?
2. 當我的信念似乎解決了一個問題,是否又衍生出別的問題,就好像連續劇一樣?
3. 我的信念是否讓我愈來愈依賴它,對自己解決問題的能力反而愈來愈沒信心?

如果以上任何一題你回答了YES,我會勸你趕緊去找個可信賴的朋友,請他給你一些客觀的評語。

重新掌握你的人生

下面五個方法,能幫助你避免受騙,奪回希望的主導權:

1. 學習批判性思維

批判性思維（critical thinking）是現代生活必備的能力，它也是傳統填鴨式教育最大的弱點。

批判性思維不光是「批判」，而是用邏輯推論、用正反兩面思辨、用科學方法研究佐證。學習自己做研究，尋找有公信權威、有專業背書的資訊。不要光是聽片面之詞，永遠查清楚你的資料來源。

2. 以整體資訊評估

很多神棍都喜歡亂槍打鳥，丟出一大堆曖昧不清的細節，事後只拿他有猜中的預言做廣告。如果你聽說哪位算命老師是「鐵口」，請他下次讓你錄音，把所有的話都記錄下來，然後按照時間一一驗證。

如果他只有一、兩件事情說得很準，但其他八九成的預言都落空，那也不能算很厲害。如果有個醫生只有20%的時候能診斷正確，你還敢去找他嗎？

3. 為無常做好準備

為了過得安心，我們必須要有保險。如果你害怕失敗，就要做好風險評估，並思考退路和應急計畫。論語的三思值得參考：思危、思退、思變。

當我們一頭熱向前衝的時候,做這種準備似乎是不必要的投資,但也是必要的。就如同一場頒獎典禮,每個入圍者都準備了得獎感言,但心裡也都有個譜,如果沒得獎的話,訪問時要怎麼跟記者回應。做好了該做的準備,心裡更踏實,反而能讓內心的力量更加奏效。

4.先處理眼前的事

有個朋友告訴我,每當她覺得焦慮的時候就會下廚,因為烹飪的「立即性」能讓她忘記煩惱。有些人開始工作前會整理辦公桌。只要不成為拖時間的藉口,我認為這是個好習慣,畢竟整齊的環境有助於效率。

如果你覺得生活的大方向走偏了,但不知道怎麼是好,不妨先從現階段開始,把每一件眼前的小事情做好,同時培養一些好習慣,讓這些能掌握好的小事給你帶來信心,慢慢堆積成幸運的未來!

5.培養希望的動能

我們是否能用「念力」來改變自己?是的!心誠則靈?即使不完全靈驗,也絕對有幫助!心理學對意識和意志力的研究,已經愈來愈接近宗教的境界。

當我們做足了準備,決定勝負的關鍵往往就是自己的心態,

這種心理聚焦（mental focus）和正面期望的力量是非常可觀的。這是操之在你的，千萬別把這個控制權交到別人手上。

> 希望是人在逆境中的救星。
>
> ——米南德（Menander）

我希望讀了這個章節，能讓你更加重視「希望」。

希望能讓病人不藥而癒，讓弱者反敗為勝。

希望能讓人熬過命運的浩劫、從集中營活著走出來、處置於死地而後生。

希望是一種科學還無法解釋，但不得不承認有效的力量。

最重要的是，希望的力量就在你的手裡，只有你能啟動它。它既是無價又是免費的，所以，別輕易讓人家賣你一些過於昂貴的糖衣，讓你依賴他們所定義的希望。

人生遭遇優劣兼俱，
最不幸的就是把希望的主導權交給別人。

相對來說，最踏實的幸福，就是當你把希望找回來的時候！

注釋：

1.Henslin, James M (1967). "Craps and Magic." *American Journal of Sociology*, Vol. 73(3), 316-330。

2.http://www.theatlantic.com/health/archive/2013/10/how-superstition-works/280649/。

3.這其實是本心理學的學術刊物，沒什麼神祕的，但非學者看起來可能會像天書。原文研究發表於：Forer, B.R. (1949). "The fallacy of personal validation: A classroom demonstration of gullibility." *Journal of Abnormal and Social Psychology*, 44 (1), 118-123。我的「分析」參考了原文研究中的句子，並稍微修飾縮減。

4.http://atheism.about.com/od/logicalflawsinreasoning/a/barnum.htm。

5.Mark Edwards, *Psychic Blues: Confessions of a Conflicted Medium*, Feral House 2012, p.218。

6.Krebs, V. (2008). New Political Patterns. www.orgnet.com/divided.html。

7.http://www.dailydot.com/company/comments-section-dead/。

8.Understanding personality and social behavior: A functionalist strategy. Snyder, Mark; Cantor, Nancy Gilbert, Daniel T. (Ed); Fiske, Susan T. (Ed); Lindzey, Gardner (Ed), (1998). *The Handbook of Social Psychology*, Vols. 1 and 2 (4th ed.), (p.635-679). New York: McGraw-Hill。

9.Rankin, Lissa. (2014). Mind Over Medicine: Scientific Proof That You Can Heal Yourself. *Hay House*, p.20。

Oh！妳現在覺得照顧小孩非常困難

對啊！你怎麼知道

為什麼人那麼容易受騙？3

小心對號入座

相信別人還不如相信自己
不要把命運交到別人手中

我們都希望對人生的未知
有一點控制感

我們希望聽別人說出
我們想聽的話

我們會自動篩選
符合自己立場的訊息

WHAT CAN WE DO ？

1 查清楚你的資料來源

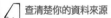

不要光聽片面之詞
未查證不能亂信

2 學習批判性思維

多聽取不同的立場
再做自己的判斷

3 有一個Plan B

冷靜評估風險
並思考退路和應變計劃

5 培養希望的動能

態度和自信能決定成敗
不要把希望交到別人手上

4 把能掌握的小事情做好

從完成小計劃
來建立控制感和自信

part 3

避免小人帶來的不幸

chapter 7

小人生存論

你經常犯小人嗎？

如果是，接下來的章節不但能教你如何防小人，並提供一個環境評估方式和改變的建議，減少小人出現在你身邊的機會。

小人難防，正因為他們善於隱藏，而且招數千變萬化，所以光是談論如何「接招」是不夠的。

在開始之前，我們先得定義「小人」是誰。

《論語》提供了很好的參考基礎，因為孔子經常以「君子」和「小人」對比：

「君子喻於義，小人喻於利」：君子講求道義，小人卻只講求利益。

「君子坦蕩蕩，小人長戚戚」：君子光明磊落，氣定神閒；小人斤斤計較，患得患失。

「君子求諸己，小人求諸人」：君子對自己有所要求，小人只會對別人有所要求。另外一個說法是，君子懂得反省自己，小人只會推卸責任。

「君子成人之美，不成人之惡；小人反是」：君子會希望讓別人變得更好，成全他們的好事，不會讓別人做壞事，但小人的行為剛好相反。

「君子和而不同，小人同而不和」：君子講究和諧，尊重每個人的不同；小人看似同化，但私底下未必和諧。

從這些對比來看，我們知道孔子把「君子」視為最高的道德典範，象徵「仁、義、禮、智、信」等美德；「小人」則是君子的相反，處世不仁、忘恩負義、缺乏智慧、不守信用。

不過我們都知道，天下找不到百分之百的完美君子，也沒有百分之百的齷齪小人。

在某些狀況下，君子可能會變成小人；在某些狀況下，小人也可能會成為君子。

大自然裡找小人

需要是發明之母。

Necessity is the mother of invention.

——英文古諺

杜鵑是一種花，也是一種鳥。最常見的杜鵑鳥，就是俗稱的「布穀鳥」（common cuckoo）。你肯定熟知牠的叫聲，那呆呆的「布～穀」深受人們喜愛。

但你知道嗎？可愛的布穀鳥，竟然是鳥類的「小人」[1]。牠們自己不築巢，只會偷偷在別的鳥巢下蛋，公的布穀鳥負責把風和

障眼，吸引其他鳥的注意，母的布穀鳥則是趁機飛進牠們的巢，把自己的蛋跟其他蛋混在一起。不知情的母鳥沒注意多了一顆蛋（算數絕對不是鳥兒的強項），於是就把小布穀鳥跟自己的孩子一起孵出來，也當成自己的孩子餵養。然而悲劇還在後面，因為剛出生的小布穀鳥不但很會搶食，還會趁母鳥沒注意的時候，把其他小鳥一一推出巢外，讓牠們摔死在地上！

這根本就是鳩占鵲巢！你現在還會覺得布穀鳥可愛嗎？

另一種扁蟲更是駭人。它們寄生在蝸牛的身體裡，長大後會控制蝸牛的行為，使平常隱匿低調的蝸牛無法自主的爬上樹梢，把自己大剌剌的暴露在外。接著扁蟲會鑽進蝸牛的眼柄，讓眼柄腫得像彩色毛毛蟲一樣，彷彿對著鳥兒呼喚：「吃我！吃我！」把宿主輕易變成鳥食之後，這種扁蟲會在鳥的腸道裡繁殖，再隨著排泄物把卵送回森林，等著將更多蝸牛變成殭屍[2]。

這實在令人咋舌！但你能說布穀鳥和扁蟲「邪惡」嗎？

牠們的行為固然殘忍，但只能說是一種獨特的生存模式。

為了存活、繁殖、育生以及自保，自然界的招數無奇不有，跟人類的世界差不多。

寄生育雛的布穀鳥，讓我想到專門把爛攤子丟給同事，總要別人幫他們擦屁股，卻又四處厚顏邀功的辦公室小人；寄生蝸牛的扁蟲，也讓我想起那些找朋友幫他們背書，毀了別人的名譽，只為了成就自己的攀權附貴之人。

如同在嚴峻的大自然，動植物會演化出各種奇奇怪怪的生存方式，在人類社會中，小人也根據環境而演變出各種生存行為。

當人覺得自己受到威脅，無論是真對手還是假想敵，想必都會用一些招數來戰勝敵人。如果你曾中過小人的招，一定對他們恨之入骨，但就像電影裡的黑道把人做掉前會說：「這就是我們的江湖之道！」小人會說：「這就是我的生存之道！」

你可能覺得小人是衝著你來的，但小人真正在乎的其實是他自己。

基本歸因謬誤

一個在公司暴跳如雷的老闆，回家後說不定是個溫柔體貼的丈夫、和藹的父親。

一個老是跟父母唱反調的叛逆少年，在外說不定對其他長輩彬彬有禮。

一個對朋友製造謠言、散播八卦的婦人，在教會裡說不定是最熱心的志工。

事實上，人在不同環境下會展現出不同的面貌，當環境和角色改變，行為也會跟著改變。

問題是，我們一般不是這麼看待世界的。我們會根據一件事來判斷一個人，而忽略了事情的前因後果和環境的影響。

這叫做「基本歸因謬誤」（fundamental attribution error），也是造成許多誤會和衝突的主要盲點。

要防小人，我們必須跳脫基本歸因謬誤，把焦點放在周遭的環境，從環境來理解人性。

我們應該問自己的是：

什麼樣的環境會讓人變得愚昧自私、沒有主見、喪失良心？

什麼樣的環境會讓人開始說謊、作弊、背信、暗算、霸凌？

要預防小人，你就得理解他們的環境，和他們的生存之道。我接下來要分析的，就是五種最容易造成小人行為的環境，以及如何對付它們。

注釋：

1. 不是所有杜鵑科的鳥類都會這樣，但有許多品種的布穀鳥，只會靠這種「寄生育雛」（brood parasitism）的方法繁殖。鳥中的小人——這應該叫「鳥人」嗎？

2. http://www.wired.com/2014/09/absurd-creature-of-the-week-disco-worm/。

為什麼身邊
總是有小人 1

自然界令人咋舌的生存行為

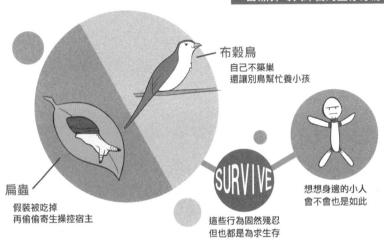

布穀鳥
自己不築巢
還讓別鳥幫忙養小孩

SURVIVE

扁蟲
假裝被吃掉
再偷偷寄生操控宿主

這些行為固然殘忍
但也都是為求生存

想想身邊的小人
會不會也是如此

我們會根據一件事來判斷一個人
卻忽略了事情的前因後果與環境

因而產生基本歸因錯誤

對付小人就必須
理解他們的生存之道

chapter 8

小人滋生的環境 I

1. 高度同化的環境

高危險群：

學校（**尤其初、高中**）**、傳統中小企業、社團、球隊、教會、政黨**

這種環境的小人行為特徵：

- 霸凌和鬥爭
- 出賣別人來展現自己對群體的價值
- 對正義選擇性沉默
- 扭曲是非
- 集體犯罪

環境中的生存心態：
跟著大家一起，總比孤立獨行來得安全。

　　這些組織重視團結，所以同化性很高。無法融入或意見不同的人，在團隊裡會感到很大的壓力。

　　這種環境很容易造成「群體迷思」（groupthink）。

　　簡單來說，群體迷思就是「大家一起犯錯，但沒有人敢說」。有個經典實驗證實了這個現象：

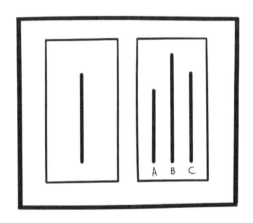

　　圖片中，右邊的哪一條線，跟左邊的一樣長？

　　正確答案是C，這一點都不難。

但我們看看人在同儕壓力下會怎麼回答。

這個實驗由八個人組成一個團隊，一共有十八個問題，大家輪流作答，但只有最後一個才是真正的實驗對象。其他七位都是實驗者事先安排好的「暗樁」。

實驗一開始，每個人都會說出正確的答案。但在進行了幾個回合之後，暗樁們會開始給出錯誤的答案。以上面的題目為例，七個暗樁的回答統統是「A」。

那一看就是錯的啊！你猜，輪到不知情的實驗對象時，他會堅持說出正確的答案，還是跟隨其他七個人，說出明明是錯誤的答案呢？

結果是：每四個人裡面，只有一個人會每次都按照自己的看法作答。其他人或多或少都會受到暗樁的影響，給了至少一次錯誤的答案。其中有5%的人每次都會隨從多數意見，暗樁說什麼，他們就說什麼[1]。

除非你的眼睛有問題，這些題目是不會答錯的。但竟然還有這麼多人會「睜眼說瞎話」，實在很令人驚訝！

這個實驗最初是在1951年進行的，或許那個時候社會的同化性較高，但就在今年，兩名美國的心理學者複製了這個實驗，還把過程拍成影片，結果發現三分之二的人還是會選擇跟著大家答錯，無論年齡、性別、或種族[2]。

這些實驗顯示：大部份的人在同化壓力下都會壓抑自己，隨從大眾的看法，只有少數人能夠一直堅持自己的意見。

誰在出賣你？

「我之前在公司一直想提出的計畫，終於找到一位經理願意支持了。但沒想到會議上董事長聽了眉頭一皺，其他人也就紛紛開始批評我的提案。這時候本來說好要挺我的經理不但沒幫我，還跟著大家說我的想法不夠成熟！提案失敗也就算了，但被如此落井下石，讓我氣到當場掉淚！我已經準備好辭呈，這種環境我待不下去了！」

這位可憐的職員，一定覺得自己被經理出賣了，才會氣到失控。但那位經理搞不好還覺得：「你怎麼那麼白目，被打槍根本是活該！」無論事後怎麼圓場，彼此間的信任已經破壞了，實在很可惜。

當群體意識很強的時候，同化壓力會壓抑個人主見，甚至會勝過是非。發表自己的立場需要勇氣，更需要支持。

但在某些節骨眼上，你會發現原本要挺你的人不但退縮了，甚至還改變立場。但你對他們生氣，他們說不定惱羞成怒，反而更不會支持你。

什麼樣的人最容易在群體壓力下屈服呢？

如果你發現對方：

- 很在意別人的眼光和評價
- 工作地位很需要群體的支持
- 自己還是個局外人，但渴望被別人接納
- 人家說什麼都只會認同

有以上任何特徵，你就要小心一點。他們可能沒有傷害你的意思，但如果硬是要在「你」和「群體」之間選邊站，他們很可能會選擇另外一邊。

順從的好處就是每個人都喜歡你，除了你自己。

The reward for conformity is that

everyone likes you except yourself.

——莉塔・梅・布朗（Rita Mae Brown）

面對高度同化的環境

「出頭的釘子先挨砸。」

這句話代表著群體壓力的威脅。為了避免成為挨砸的釘子，人們學會了偽裝自己，壓抑內心的想法，為了合群而選擇沉默，甚或是參與霸凌、出賣別人來展現對群體的忠誠。

要對抗這種壓力，心理實驗給了我們一些線索：

在以上的「看哪條線比較長」的實驗中，十個人裡有七個人會受到暗樁的影響，說出明明是錯誤的答案。但這個實驗只要改變一個條件，就會徹底改變結果：

即使所有其他暗樁都說了同一個錯誤答案，只要有一個暗樁表示「不確定」，幾乎百分之百的實驗對象都會選擇誠實作答！

另一個會逆轉結果的情況，就是如果實驗對象只需要把答案寫在紙上，而不需要說出來。當自己的答案不會被群體知道時，所有的實驗對象也都會誠實作答。

由此可知：要對抗群體迷思，必須要創造質疑的空間和私密的發言機會。

創造質疑的空間

如果你想說實話，卻又擔心受到攻擊，那就要很注意自己的溝通技巧。

讓我們先看兩個錯誤示範：

「我覺得○○才是對的。」

雖然你勇敢表態，但這麼說的言下之意就是：「我覺得你們都錯了！」很可能會引來攻擊。

「明明就應該是○○啊，你們都瞎了嗎？」

激動的表達很快就會引起注意，但也一定會受到撻伐。即使你完全是對的，也不能這麼白目。

「不好意思，我可能沒有理解清楚，或許○○也沒錯？」

這種表達方式比較安全，因為在提出質疑的同時，並沒有直言否定其他人的看法。「或許」是你自己沒有搞清楚，○○「也」沒錯？

適當的自嘲也能減少挑戰的意味：

「哈，我這個人總是慢半拍，可以解釋為什麼要這麼做嗎？」

「天哪，我一定是瞎了！為什麼我怎麼看都還是A比較長？」

「我可以問一個很白痴的問題嗎？」

當你禮貌並帶有自嘲的提出問題時，別人比較沒有立場直接攻擊你。看狀況，你可以請他們解釋自己的看法。在群體迷思的

狀態下，往往解釋起來就會凸顯出矛盾，搞不好對方說著說著就卡住了。

但你也千萬不要得意忘形！要記得維持低姿態，對方也許會稍微讓步：「其實我們也未必百分之百確定。」或者是：「或許你的看法也有些道理。」

這麼一來，你就開啟了質疑空間。就如同實驗中那位說「我也不太確定」的暗樁，這個空間可能就會鼓勵其他原本選擇沉默的人開始表態。

如果有人質問「你是真的不懂，還是假的不懂？」你可以用「個人經驗」來解釋：

「我的個人經驗不太一樣，所以比較難理解為什麼會這麼做。」

盡量把「我的看法不同」替換為「我的經驗不同」。也要避免加入情緒，只管說出事實，用個人經驗和案例分享來解釋自己的立場，冷靜並理性的提出質疑。

把群體放在個人之前

要避免引起敵意，在溝通時，永遠要把群體的考量放在第一優先，並解釋你的建議為什麼會對大家比較好。

這是個很重要的原則，因為當你顯示自己是為了大家著想，群體裡的成員也比較難攻擊你。

「我跟大家一樣，想要幫公司省錢，也想要趕快結案。也許用另外一種方法會多一些成本，但我們可以避免許多後患。」

讓大家理解某個決定的「得」與「失」，會比單向的論述更要有說服力。如果你要為正在被排擠的人求情，當大家一窩蜂喊「殺」的時候，你也不能直接喊「卡」！最好還是先從共同立場開始，再順著提出你的考量：

「他這麼做很不對，犯了我們的規矩，誰都不喜歡！不過冷靜想想，要是現在把他處理掉，後面可能會更麻煩，為了大家好，也許我們可以想想別的方法。」

群體迷思是一隻凶悍但愚笨的猛獸，你得要順著牠的毛摸，不要激起躲在毛裡的跳蚤們。

改善環境的同化壓力

同化壓力對一個公司很危險，不但會降低創新和應變能力，也可能限制人才的發展。這些建議，對經理和主管們特別重要，也適用於各種其他組織：

1. 確保意見的隱私和安全

只要能私下提供意見，人們就比較敢說真話。當你發現言論已經開始一面倒時，可以提議大家稍緩，提供一個私下表態的機

會，暫時支開強勢的壓力，但你也必須確保發言人的隱私，讓他
們覺得提出想法不會受到傷害。

2.鼓勵「就事論事」的討論方法

　　雖然大家都知道該就事論事，但吵起來時也容易失控。為了
避免負面言語和人身攻擊，你得維持冷靜理性，強調群體共識，
把議題當成大家一起來解決的問題，而不是一場勝負分明的辯論。

3.以團結為前提，要求彼此尊重

　　如果有人刻意在煽動群體，你大可以用這個方法解圍：先當個
啦啦隊，提升大家好感，然後強調「大家本來就同進同出、同舟
共濟，不應該互相攻擊！」。以這個做為原則，要求團員們彼此
尊重，然後再提供發表意見的空間。

　　　　人生的目標不是選擇多數的那邊站，
　　　　　而是避免讓自己與瘋子們為伍。

　　　　　　　　　　　　——馬可・奧理略（Marcus Aurelius）

2. 暗自比較的環境

高危險群 ：

同學會、左鄰右舍、社交場合、社群網站

這種環境的小人行為特徵 ：

- 散播謠言八卦
- 在朋友背後捅一刀
- 用謊言哄抬自己，招搖撞騙
- 搞小群體，互相排擠暗算
- 惡性競爭和掠奪

環境中的生存心態：
資源多才有面子，有面子才有朋友，有朋友才有資源！

　　人人都有比較心，而比較心是正常的。只要規則公正透明，競爭是好的，例如各種運動比賽，選手們在公平競爭下追求卓越的表現，還能展現運動家精神。

　　但是當標準不透明、規則不公平的時候，人的比較心態就會複雜許多了。

　　以前參加同學會時，就深深感受到這種差別。享有好工作、領高薪的同學意氣風發，不得意的同學則顯得氣弱。大家表面上都很歡樂，但不免覺得某些人的笑容很勉強。

　　社會心理學家費斯汀格（Leon Festinger）提出的「社會比較理論」（social comparison theory）就說：

> ### 碰到與我們愈相近的人，
> ### 我們的比較心就會愈重。

　　我們不會跟比爾蓋茨比財力、跟霍金博士比聰明，但跟我們同一代出生、同一個環境長大、同一個學校畢業的人，自然就會

成為我們心中的競爭對手。

問題是，我們要用什麼標準來比較呢？如果你想跟別人比薪資，但同學賺得比你多，心裡又會是什麼滋味呢？

法國巴黎經濟學院針對歐洲二十四個國家一萬九千位受訪者研究調查顯示，喜歡和親友或同仁比較薪水的人，普遍都比較不快樂。如果發現同仁薪水比自己高，可能會覺得沮喪，如果比較對象是親友，痛苦指數則會倍增。

當我們覺得自己比不上別人時，自尊的受損會帶來很不舒服的感覺。這種不悅就叫做「嫉妒感」。嫉妒感很難受，所以我們的「心理自衛機制」會用幾種方法來保護自己：

	正面	負面
主動	把對方當成榜樣激勵自己：「努力一點，兩年後我也要做到和他一樣的等級！」	以報復心態設法貶低對方：「看他囂張的樣子就不爽！我要讓他嘗到失敗的滋味！」
被動	尋找合理的解釋安慰自己：「他比較資深，待的又是國際公司，難怪薪水比我高。」	尋找對方的不足做為安慰：「雖然他賺比較多，但是工作時數過高，不像我還有一點生活自由！」

　　無論是對自己或是對別人，我們必須擔心的是負面的反應，尤其是「主動＋負面」的心態。你可能認為「正面、積極、透明」的環境比較會有正面心態，但不完全正確。

　　關鍵在於：這個環境，是否允許公開的競爭？

　　在比賽時，球員可以對自己大聲喊話，表現不好時可以露出不悅的表情，只要不失控犯規，有些教練還會鼓勵選手們要帶著凶狠的表情上場。

　　設想：如果教練叫你總是要笑眯眯的，對方進球還要恭喜他們說：「哇，你好棒！」那不是很彆扭嗎？

　　問題是，實際的生活充滿了這種不公開的競技場。大家互相在比較，卻同時要強顏歡笑。這時如果無法自己消化情緒，則會轉為憎恨的嫉妒心態。

　　舉例來說，許多華人父母親都喜歡拿自己的孩子來做比較：考上什麼大學、做什麼工作、賺多少錢？有些父母甚至會直接在孩子面前說：「你看人家功課多好，鋼琴一天還練兩個小時！你只會玩，多丟臉啊！」

　　當他們這麼說，是自己把自己孩子的臉丟了，還得叫他們要謙卑禮貌。

　　最近在美國出現這麼一則新聞：一位韓裔高中生同時被哈佛和史丹佛大學獲准入學，因為實在太優秀，兩所名校還破例讓她在哈佛和史丹佛各就讀兩年。這個消息傳出去還上了韓國新聞，

媒體封她為「天才女孩」（Genius Girl）。

但是過了不久，哈佛和史丹佛便發出聲明：入學部完全不知道這回事，甚至根本沒批准過這位學生！「天才女孩」所炫耀的入學信函全是假的，一切都是謊言！

這個故事讓人看了實在很心痛。與此同時，美國新聞報導了這件事，並反問：美國的亞裔父母對孩子學歷的期望和比較心態是否過火了[3]？

這位高中生的父親後來出面道歉：「我非常自責。我竟然沒有發現孩子所承受的升學壓力痛苦，反而還不斷加深她的痛苦。」

這是一個極端的例子，但父母親在互相比較之下，對孩子的壓力是很實際的。我知道，因為我親眼看過。

人比人，氣死人

同學之間會比較、三姑六婆愛比較，就連在線上，網友們也都在比較。

最近有好幾個學術研究顯示：使用社群網路容易讓人變得不快樂。光是每天上臉書，就足以讓使用者的心情明顯變差[4]。

為什麼呢？社群網路讓我們知道朋友在做什麼，但一般人公開分享的大多是生活的美好。在臉書上，大家看起來都很有面子。當我們看不到朋友的煩惱，只看得到他們的光鮮亮麗，不免

會覺得別人過得比自己好。我們給他們按讚,但反觀自己,卻又覺得憂傷。社群網路就像是一個永遠不會結束的同學會,充滿了「不公開」的競爭,又只能給彼此大拇指。

但同時,也有一些研究發現:使用社群網路會讓人更快樂[5]。這個差別很可能來自於使用的方法:當人與網友有所互動(例如給對方留言或收到對方的回覆,傳圖文短訊交流時),使用者的心情大致是快樂的。但當人只是被動的「爬文」,而沒有互動的時候,那種快樂感則會迅速消失。

結論是:人人都會比較,所以不用害怕競爭!但我們要特別留意那些明明就在競爭,處處都在比較,卻還要假裝沒在比較的環境。

公開的對手就是對手,可以坦蕩蕩面對,但當檯面上的隊友卻是檯面下的對手,就要格外小心了!

不要討厭嫉妒你的人,
但請尊重他們的嫉妒。
因為他們認為你比他們更好。

——無名氏

面對暗自比較的環境

人在比較心態下很容易樹立假想敵。有嫉妒心的小人，通常內心會這麼想：

「老天應該是公平的，但偏偏對我不公平。」
「在我面前炫耀，是刻意不給我面子。」
「我最痛恨被人瞧不起！」

一旦上了這種人的雷達，實在冤枉到家。你把對方當朋友，他卻把你當眼中釘。他對自己的強烈自卑感，反而會把你的善意視為敵意。當你在這種競爭環境中，千萬不要：

* 仗勢讓大家甘拜下風（因為小人內心不會服氣）
* 批評別人來建立自己的地位（因為小人會拿你的話當把柄）
* 擺出清高的姿態（這樣只會讓小人覺得你傲慢）
* 刻意與對方拉攏關係（正因為小人覺得與你相近，才會有那麼強的競爭心）
* 貶低自己，抬高對方（做得不好，只會讓別人感到虛偽）
* 露出不在乎的表情（你自認與世無爭，不表示別人不會跟你相爭）

但你可以這麼做：

- 提到自己曾經付出的代價：「當年我為了創業，不但把身體給
  搞壞，還差點賠上性命！」
- 分享過去失敗的經驗和從中獲得的教訓（光講自己失敗的經驗
  還不夠，重點是要透過這些故事，說出你因挫折而獲得的學習）
- 把物質方面的比較，轉移到非物質的比較（例如當對方羨慕你的
  財富，你可以說自己欣賞的是另一個朋友的生活精神：「強尼雖然是
  月光族，但他實在很會自助旅遊！」）
- 說出自己因為欣賞某個人，而要改進自己的行動（「看Tina的
  身材這麼好，我現在也開始一週運動三次了！」）

這個概念在心理學叫做modeling，當然不是走伸展臺，而是
透過自己的所作所為，傳達比較良性的價值觀和思想。

在這種環境裡，你要不吝說出別人的好，但吝於批評指教。
千萬不要用「交換八卦」來搏感情，因為你永遠不會知道今天說出
來的話，會多快傳到別人的耳朵裡。相信我，只要你說出口，當
事人遲早都會知道。

富蘭克林效果

班傑明‧富蘭克林（Benjamin Franklin）是美國建國以來最精明的政治家，見多識廣、博學多聞、朋友很多、但也不免有些敵人。他的自傳中就提到這麼一個故事：某天，有名男士在立法院發表了一段演說，對富蘭克林頗有微詞。富蘭克林從來沒跟這個人交涉過，被他數落一番覺得莫名奇妙。而且這個人很有勢力，想必是個屬害的對手！

於是富蘭克林寫了一封信給這位男士，對立法院的演說隻字不提，倒是要求跟他借閱一本書，信中寫到：「這本書非常稀有，打聽之下只有您有蒐藏！」當時擁有書是一種社會地位的象徵，富蘭克林身為費城最有名的讀書人，竟然也沒看過這本書，讓這位男士覺得很有面子。於是他把書借給了富蘭克林，而富蘭克林還書時也寫了一封很客氣的謝函。後來兩人在立法院相遇，這名男士竟然主動開始跟富蘭克林交談，兩人從此頻繁來往，建立了很深的友誼。

這就是所謂的「富蘭克林效果」：要一個人開始喜歡你，就請他幫你一個忙！

這是一個很妙的心理現象。我們往往認為喜歡別人才會幫助別人，但其實好感也是因為幫忙而產生的。當我們有所付出並獲得對方的感謝時，也會因此更喜歡對方。

要建立好感，你可以客氣的提出一個小小的要求，例如：

「我聽說你對紅酒很有研究，最近要為長輩慶生，可以請教你如何挑選波爾多嗎？」

「我知道你對孩子的教育很有心得。最近我的小孩功課壓力很大，請問要怎麼跟他溝通呢？」

一般來說，跟對方的經驗或專長有關的要求，會比較容易獲得正面的回應。記得感謝對方的協助，並回贈一個小心意或寫張謝卡。

富蘭克林效果也可以用來改善環境中的比較心態。我們可以透過技巧性的要求，讓群體中的每個人都能夠發揮自己的個別長才，讓每個人都覺得自己有所貢獻。

如果「錢」是唯一的比較基礎，富有的人永遠會占上風，但是如果能讓其他人提供知識、創意、好感等無形資源[6]，並從中獲得大家的肯定，就有機會創造更多元尊重的環境。

名利的比較一定會有，因為這是人的本性。但一個環境如果也能重視精神價值，會比一個只用物質和權位做比較的環境健康許多。作家大衛‧藍西（Dave Ramsey）曾說過：「（不要）用你不夠的錢，來買你不需要的東西，只為了跟你不喜歡的人炫耀。」不要為了這種比較而偽裝自己，因為你會變得愈來愈不像自己。

我們假裝我們是什麼樣的人，

就會是什麼樣的人。

We are what we pretend to be,

so we must be careful about what we pretend to be.

──庫爾特・馮內古特（Kurt Vonnegut）

注釋：

1.Asch, S.E. (1951). Effects of group pressure on the modification and distortion of judgments. In H. Guetzkow (Ed.), *Groups, Leadership and Men* (p.177–190). Pittsburgh, PA: Carnegie Press。

2.https://www.youtube.com/watch?v=1-U6QTRTZSc。

3.https://www.yahoo.com/parenting/genius-girl-fakes-admission-to-harvard-stanford-122277519087.html。

4.Kross E, Verduyn P, Demiralp E, Park J, Lee DS, et al. (2013) Facebook Use Predicts Declines in Subjective Well-Being in Young Adults. *PLoS ONE,* 8(8): e69841. doi: 10.1371/journal.pone.0069841。

5.Coviello L, Sohn Y, Kramer ADI, Marlow C, Franceschetti M, et al. (2014) Detecting Emotional Contagion in Massive Social Networks. *PLoS ONE,* 9(3): e90315. doi: 10.1371/journal.pone.0090315。

6.關於更詳細的「無限／有限資源論點」，請見《Get Lucky！助你好運》，211-214頁。

1 高度同化的環境

| 學校 | 傳統中小企業 | 社團 |

| 球隊 | 教會 | 政黨 |

生存心態
跟著大家一起總比孤立獨行來得安全

What to do?
對抗群體迷思
改善環境同化壓力

2 暗自比較的環境

高危險群

| 同學會 | 左鄰右舍 |

| 社交場合 | 社群網站 |

生存心態
資源多才有面子 有面子才有朋友
有朋友才有資源

What to do?
傳達良性觀念思想
建立彼此好感

I APPRECIATE TOM! HE ...

為什麼身邊總是有小人2

小人如何滋生 I
你知道哪些環境最容易出現小人嗎？

chapter 9

小人滋生的環境 II

3. 階級分明的環境

高危險群：
大公司、大家族、宮廷、官僚

這種環境的小人行為特徵：

- 表面的虛偽、私下的陷害
- 勢利眼的嘴臉
- 強勢欺負弱勢
- 勾結和貪腐
- 踩在別人的頭頂往上爬

環境中的生存心態：
有了權力，才能自保！

養過雞的都知道，新來的雞不能隨便放進雞群，不然很可能會被啄死。

雞是很階級化的社群動物。牠們從小就會互相啄擊，建立了所謂的「啄食順序」（pecking order）。王者雞可以先吃飼料、先找地方睡覺，享有各種特權。在一群雞之間，大家都很清楚彼此的地位，新來的若不清楚，啄一啄就知道了，所以雞如果太弱小，隨便丟進雞群裡等於是找死。

雞頂多互啄，除此之外沒什麼心機，但猿猴就不同了。公的黑猩猩為了在群體中晉升權位，會偷偷欺負弱者，有時候還會去幫忙照顧其他猩猩的寶寶，因為猩猩社會有個潛規則：「抱著小孩的猩猩絕不會挨揍」。好一個假惺惺！

好色的獼猴心機更重；若獼猴王妃覺得某隻年輕公猴有潛力成為未來的猴子王時，會偷偷向牠示好，甚至冒著被衛士攻擊的風險，趁猴王不注意的時候，跟那隻有潛力的「小鮮肉」跑去樹叢裡開房間[1]！

當然，人類的權力鬥爭，就更是精采了。

即使你沒有看過《甄嬛傳》，也一定聽過「賤人就是矯情」這句名言。宮廷文化也不限於紫禁城或凡爾賽宮，只要有顯著的權力

階級，以及享有特權的權力中心，哪裡都可以成為一個小宮廷。

在宮廷之中，每個人想要權力的動機不同。許多人覺得權力的關鍵問題是who？但我認為更重要的問題應該是why？換句話來說，我們應該問自己的是：「為什麼這些人要爭取權力？」

有一種人想要權力，是因為他們想要控制別人，壟斷資源。這種人不算多，但他們的自私心難改。如果你身邊有這種朋友，我建議你跟他們保持一定的距離。話說「權力使人腐敗，絕對的權力使人絕對的腐敗」，這種人若不懂得節制，通常會玩火自焚，千萬不要跟他們一起玩。

第二種人要想權力，是因為他們曾經受過打壓，如今想翻身為自己和家人出氣。報復心態的毒性很強，因為它能合理化所有惡劣的行為，甚至化身為假正義。這種人很有衝勁，但也很容易衝過頭。處於弱勢時，他們可能會不擇手段；等到獲得勢力後，他們也未必會寬心待人，所以還是敬而遠之為妙。

第三種人想要權力，則是為了求平安自保。他們沒有什麼非得平復不可的恩怨，也不一定想要承擔權力的風險和壓力。能夠被公平對待，平安過一生，也就夠了。這種人可以成為盟友，而這種環境也比較有機會能夠改變。

面對階級分明的環境

這種環境必然會有許多小人，但並不表示我們就得視他們為理所當然。以下是幾個自保的方法：

1.冷靜觀察時局

當你進入一個新的環境時，得先搞清楚組織裡的人情世故。保持低調，並善用一開始的蜜月期做充分的觀察。用自己的眼睛和耳朵判斷，不要輕易聽信別人的小報告。如果耳聞對自己不利的傳言，記得先私下求證。往往你會發現，事情沒有別人形容的那麼誇張。

2.提升自己的能力

你必須要問自己：「我是來搞政治的？還是來做事的？」除了提升自己的能力之外，展現自己對團隊的貢獻和價值也很重要。但如果你獲得了掌聲，一定要記得大方感謝對你有所幫助的人。

3.讓周遭的同仁感到安全

這點是自保的最高原則。要別人覺得安全，就要遵守承諾，不可泄露別人告訴你的祕密，並且讓八卦到你這邊就停止。這種方法未必能讓你在組織裡快速晉升，但會讓你獲得同儕的尊重。

對得起自己的良心最重要，讓時間證明一切。

4. 維持多元的關係

一個小團隊的鉤心鬥角，很可能會占據你的世界。要讓自己跳出這個局面，必須要培養更廣的世界觀，意思就是去認識不同環境的人，建立多方盟友。他們不僅能讓你有更多的角度來反觀自己的世界，而且，當你有了豐富的人脈資源後，自然就能獲得「此處不留爺，自有留爺處」的瀟灑和自信。

密使閱人術

我有個朋友是美國外交官，還曾經被派到中東當過密使。他曾經教我一個「閱人術」，非常受用：

1. 當對方提及自己的行動時，至少問三次「為什麼」

例如，當同事說：「我打算找那個新來公司的小幼苗吃飯。」你就問：「為什麼？」

「因為她剛來啊！想說讓她趕快交幾個朋友。」

繼續問：「為什麼？你覺得她需要很快交朋友嗎？」

「是啊！你不覺得她好像搞不清楚狀況嗎？」

繼續問：「是嗎？我沒有發現耶！你為什麼覺得她搞不清楚

狀況？」

「你沒看到？剛來不到一個禮拜，坐她隔壁的那位，就已經在使喚她了。」

為什麼要問三次「為什麼」？因為我們都會猜測對方的動機（記住，這是人的本性），但那畢竟只是猜測，不如直接問當事者還比較清楚。

一般人只會問一次「為什麼」，得到的答案可能是實話，但也可能是對方已經準備好的官方說詞。

但當你追問下去的時候，對方需要再進一步解釋，這時候就可能透露「動機背後的動機」。

當人脫離官方說詞的時候，就比較難掩飾。從對方的眼神和肢體語言，可能可以讓你看出端倪。多了這些訊息，你就更能夠判斷對方是否真心誠意，還是在當一個「假裝照顧小孩的黑猩猩」。

當然，說話要有技巧，才不會讓對方覺得你在質疑或挑戰。閱人憑的是經驗和資訊，不能只靠直覺和猜測。我教你這麼做，不是要你故意裝傻，而是要提醒你不要自作聰明。多問一下，說不定能獲得更多真相。

2.相處時，注意對方如何對待服務人員和有求於他的人

舉例來說，一起吃飯時，仔細聽對方跟服務生講話的語氣。

是和善客氣的？還是帶有優越感和命令的口吻？馬路上有人前來邀請填問卷或兜售口香糖，他是很客氣還是很冷淡的應對？

> 一個人的品格，
> 顯自於他如何對待那些對他毫無利益的人。
> ——歌德（Johann Wolfgang von Goethe）

　　如果一個人對自己人和藹可親，但是對有求於他的人講話很不客氣，有可能反應一種階級心態。這種人可能對權力很敏感，相對來說，也可能比較想要往上攀爬。當然，這也可能是「基本歸因謬誤」的判斷，所以必須透過多次觀察，如果你很想知道，也許可以直接問對方：「你剛才為什麼要那麼做？」

3. 看看他的好朋友是誰

　　有句話說：「你會是你身邊最親近的五個人的綜合體。」我們多少都會受到其他人的影響。相處的時間愈多，影響也會愈深。我們的好友並非要跟我們一樣，但他們能夠成為摯友，在個性和價值觀上跟我們一定有某種程度的契合。

　　所以，觀察一個人的好朋友是誰，以及他們花最多時間相處

的人，也可以對他們有更深的認識。除了知道他們喜歡什麼類型的人以外，也可以對這個人的權力價值觀做一個粗估：

- 如果他的好友們從教授到黑手什麼樣的人都有，那他可能比較沒有階級觀念。
- 如果他的好友們都彼此認識很多年，他可能比較重視交情和義氣。
- 如果他的好友們背景都很相像，或許他的生活圈比較狹小，或他只願意跟類似的人交往，這種人階級觀念通常會比較強。
- 如果他沒什麼朋友，每個人都只像是過客，那你可能要特別留意：他的朋友是否屬於階段性？背後是否有任何目的？

如果你發現一個人有比較明顯的階級觀念，在高度階級化的權力架構下，也比較可能會想盡辦法向上爬。我的建議是：這種人可以當朋友，但絕對不要擋他們的路。展現自己的價值，同時不要讓自己成為一個棋子，是在這種環境中的生存之道。

你，就是與你最長相處的五個人的平均綜合體。

——吉米·隆（Jim Rohn）

降低不安全感

最近哈佛和哥倫比亞大學的研究顯示：當人感受到「不安」的情緒時，會自動退到自己覺得最安全的本位思考，但也因此變得比較自私，同理心也會降低[2]。所以，如果你想要改變環境，鼓勵每個人發揮同理心並減少對立，無論用什麼樣的溝通技巧，也都一定要給對方足夠的「安全感」。

這在家庭關係中尤其重要。往往，家人會因為是家人，反而忘記關心彼此，但是「安全感」還是需要被培養和經營的。有些人的個性比較容易未雨綢繆，平時需要多一點的安慰。有時候看似平淡的生活，也隱藏著悶悶不樂的壓力。

小倆口忙著為家奮鬥很好，但一定要注意，不能讓壓力變成一種「理所當然」，因為壓力讓人感覺不安，而不安則會使人無法為另一半著想。如果一對夫妻都只從自己的本位思考，那就會很容易起衝突。

「我就是為家奮鬥，你為什麼不能體諒？」

「你說你在為家奮鬥，但眼裡還有我嗎？」

要改變這種環境，夫妻需要重建安全感，提醒彼此：

「就算天塌下來了，你還有我！」

「雖然我們現在狀況不是很好，但只要有你在，我就不會擔心撐不下去！」

　　光是這麼一句話，就能把原本的火氣澆熄。即使是親人，也必須顧慮雙方的感覺。冷靜下來，才能以同理心看待彼此。

充滿人的溫度

　　對於非親密關係的環境，我們必須要強調「人」的感受，才能鼓勵將心比心。

　　史丹佛大學教授菲利普‧金巴多（Philip Zimbardo）在長達三十年的研究中發現，最容易讓人失去良知、傷害彼此的方法，就是把對方「物化」[3]。

　　歷史上充滿了這種例子。在納粹集中營，每一位俘虜都只是一個編號，因為用編號稱呼，會讓監管的軍人對俘虜產生距離感，更容易不把他們當「人」看待。許多現代監獄裡，獄卒也僅用編號稱呼犯人，都是類似的概念。

　　你會發現，對於不喜歡的對象，人會自然而然的給他們取個物化的暱稱和外號。一來，這樣就不需要說出他們的名字。二來，這讓我們對他們建立心中的距離感。當我們把人的名字取代為物，就容易對他們失去情感。

　　反之，當我們給一個東西冠上人的名字，也就比較容易對它產生情感。想想小朋友，一定會給他們最愛的玩偶或寵物取個人的名字，把它當成自己的寶寶來照顧。

連抽象的概念，都能透過人的故事被賦與人情味。仔細觀察美國總統發表演說時，講到國家的政策，也一定會用民眾的故事來敘述：「……因為這個改革，在猶他州的史密斯一家人，終於有健康保險了，他們的孩子終於能看到醫生了！」

由此推論，如果你想要讓一個組織更有「人」的溫度，減少對立，有個簡單的技巧，就要多使用人的名字稱呼他們；不是外號，而是他們真實的名字。開會的時候，我們也可以鼓勵隊員直接稱呼彼此的名字。

當然，在較傳統的環境，有些人會覺得這樣太過隨便，不夠尊敬，所以當然還是要按照禮儀標準來做智慧的判斷，不能讓人覺得你「沒大沒小」。不過，因為我們這裡討論的，是要如何增加人之間的同理心和親密感，減少階級化的分隔和距離，所以基本上還是建議：多稱呼人的名字，多分享人的故事，能夠軟化環境的階級感。

如果我們沒有和平，
這是因為我們已經忘記，我們是屬於彼此的。
——德蕾莎修女（Mother Teresa）

4.缺乏監督的環境

高危險群：
制度鬆散的公司、社群網路、人口複雜的城市

這種環境的小人行為特徵：

- 作弊、貪戾、犯規
- 憤世嫉俗、對正義的藐視
- 投機取巧，缺乏原則的做事態度
- 不守信用或公然背信
- 各人自掃門前雪，莫管他家瓦上霜

環境中的生存心態：
天下烏鴉一般黑，太過善良會吃虧。

當環境裡缺乏監督，又見到不誠實的行為時，多少人會跟著一起犯規呢？

心理學家丹·艾瑞利（Dan Ariely）設計了一個很有趣的實驗來回答這個問題[4]。他讓大學生在教室裡做數學習題，答對的題目就能夠兌換獎金。

第一組人的答案是由工作人員檢查，按照每個人答對的題數發錢。

第二組人則是採取「榮譽制度」：每個人都可以核對自己的考卷，只要告訴工作人員答對幾題，就可以去領錢，而且離開時還可以把考卷放進碎紙機裡銷毀，所以也不會有人知道他們是否有作弊。

照理來說，兩組學生平均答對的題目應該會差不多，但如果第二組學生有刻意給自己「放水」的話，那跟第一組學生的分數比起來，就會有很明顯的差異。

你猜，第二組人是否會給自己放水，以拿到更多的獎金呢？

哈哈，當然有！不過雖然有，但也不至於會太誇張：差不多浮報了兩成左右。

這不是因為某幾個「壞學生」把整組的平均拉高喔！反覆測驗

幾次後,艾瑞利教授發現,只要給學生作弊的機會,大部份人都會給自己「稍微」放水,但會克制在20%左右的「合理範圍」內。只有一種狀況,會使浮報的程度大幅增加。

同樣一個實驗,但這次考試剛開始沒多久,就有一個人舉手說:「我已經做完了!而且題目全部答對!」

其實,那個人是暗樁,但其他考生不知道。他們只知道那個傢伙一定有作弊(因為那些題目不容易答對),而且還眼睜睜的看他在大家面前領了現金揚長離去。

這回大家給自己放水的程度,就提高了整整一倍之多!

在缺乏監督的環境裡,一般人都可能會對自己「寬鬆」一點。但在缺乏監督,又明顯見到小人得逞的時候,人們就會變得更加放縱!

社會學有個相應的概念,叫做「破窗理論」(broken windows theory):如果一個社區的房子有許多破窗,會讓人覺得這個社區缺乏監督,因此會衍生出更多犯罪行為;同樣的,如果滿街都是垃圾,表示沒人在取締,一般人也就更會隨手亂丟。

破窗理論的支持者,包括1990年代的紐約市警察局長布萊登(William Bratton)。當時他以這個原則,嚴格取締街頭塗鴉、地鐵逃車費等各種「微犯罪行為」,同時大舉洗刷牆面、更換破窗、整理街道、加強巡邏等。而在他任內六年中,紐約各種大小犯罪行為都減少了將近一半[5]。

當然，這樣的監督方式要花大量的人力和時間，而且也不能無限上綱，不然就會跟戒嚴沒兩樣了。除了嚴格執法外，有沒有任何「正面」的方法，能夠讓人自然而然的維持誠實呢？

別讓君子睡著了

艾瑞利後來又進行了幾次研究，但加了個小插曲：在開始前，他先請所有的學生們回想「十戒」的內容[6]。而光是這麼做，再次實驗進行時，浮報的行為竟然就消失了！

這意謂著什麼？十戒裡雖然沒有寫說：「你考試不能作弊。」但光想起十戒也算是一種提醒。艾瑞利教授這麼解釋：絕大部分的人都還是正直善良的，但維持道德標準很累，所以我們在日常生活中很容易鬆懈；這種現象叫「道德沉睡」（moral slumber）。

換句話來說：我們的內心都有位「君子」，只不過這位君子很愛睏，需要不時叫他一下。

「道德提醒」的力量不是靠懲罰的威脅，而是個人的良心。

舉例來說：「務必要自重，誠實作答！」算是提醒。

但若加上一句：「作弊的人會被當掉！」則是威脅。

而道德提醒則是：「請回想上一次，當你靠自己的努力，完全沒有投機取巧，而完成了一場困難的挑戰。雖然當時你可能沒有拿第一名，但那踏實的感覺實在很不錯，不是嗎？」

這種發自內心，經過大腦的自省思考，更可能喚醒個人內心的君子，讓人以比較高的道德標準監督自己。

雖然這麼做比較費時，而且看起來未必有效，但你覺得哪種環境比較可能養成君子般的自重，哪種環境比較可能促成投機取巧、鑽漏洞的刁民呢？

適時提醒自己

有另外一種道德提醒的技巧，那就是運用人的比較心態；即使在難以監督的環境中，我們還是可以設計一些方法，讓可能正在打瞌睡的君子有機會照照鏡子。

在美國，靠近學校的道路通常速限設在每小時十五到二十五英里（大約每小時二十五到四十公里），但許多駕駛根本不理會這些告示，時常超速十英里以上，對附近出入的學生造成危險。

許多地區沒有足夠的警力，也很難取締，直到有人想出一個辦法：把測速雷達和速限告示牌結合在一起。這些測速雷達告示上面會寫當地的速限，旁邊的螢幕則顯示「您目前行駛的速度」。理論上，當駕駛看到速限，又同時看到自己超速的程度時，就會在兩個數字的比較之下，達到提醒矯正的效果。

實施後發現，這樣的告示牌果然不需測速照相或警察開單，也能很有效的讓車子減到速限，達到了目的，又節省了資源。

在許多環境中，我相信丹‧艾瑞利的理論是對的：一般人雖然都會稍微犯規，但只要有適當的道德提醒，就能克制許多問題。只要用對技巧，正面提醒跟負面懲處威脅一樣有效。像有些商店會寫：「監視錄影中，偷竊必送法辦」，但有些商店只寫：「攝影中，請微笑」，兩者背後目的相同，給人的感受卻很不同。

當然，有些時候，人們都已經對環境放棄希望，那勸導也就無效了。在這種狀況下，勸導可能還是要搭配嚴格規範和懲處，才能有效控制違規的行為。太多的監督不但會侵犯人權，也可能造成壓迫的氣氛和集體的不滿。其中的平衡，就必須要靠執政者以智慧拿捏。

我的建議是：對於缺乏責任歸屬的環境，就必須盡量建立責任制度。如果群體已經對環境喪失信心，就必須用規範加鼓勵讓民眾願意參與行動，讓大家看到良好的成果，也因為參與而開始關心自己的環境。漸漸的當大家開始對環境投入情感，也就有機會運用軟性的道德提醒，讓每個人都扮演最好的自己，也從中維持環境的良好發展，進而產生正面循環。

你願意為自己全然負責的那天，
也就是你能夠全然改變自己的那天。

——哈爾‧埃爾羅德（Hal Elrod）

5.利益掛帥的環境

高危險群 ：

商場、貿易市場、重視金錢利益的社群團體

這種環境的小人行為特徵 ：

- 斤斤計較、自私自利的行為
- 「只要能賺錢，什麼都可以」的道德淪陷
- 「有錢就能任性」的特權心態
- 勢利眼、炫富的生活態度
- 「我只是來這裡賺錢的」傭兵心態

環境中的生存心態：
錢就是一切，其他統統不重要，先賺錢再說！

　　這種「利益掛帥」環境的矛盾，在於錢雖然可以擺平生活問題，但同時也創造了生活問題。錢本身沒有善惡可言，卻能徹底影響我們的判斷和行為。

　　當人說自己「愛錢」時，指的當然不是那些紙鈔和銅板，而是它們所象徵的東西：權力、自由、美好的物質生活。錢可以換來許多享受，也可以做好事，但往往也成為最快讓人腐敗的東西。這是為什麼？

　　人都有自私的本性，渴望獲得更多，並害怕損失。但同時，人類也有奉獻的本能，時常為了群體而自己承擔損失。當我們把錢掛在心上時，就很容易進入另一種斤斤計較的計算模式，展現出自己比較自私的一面。

　　近期發表的心理學實驗就發現，光是想到錢就足以讓人變得比較自私，而光是看到錢的圖片，人們在合作遊戲中就會比較不願意跟隊友配合，甚至還比較可能會作弊[7]！學者有個理論來解釋這種矛盾的心態：當我們在做決定時，會有兩種考量基準：一種叫「社群標準」（social norms），一種叫「市場標準」（market norms）。我們通常會用社群標準對待親朋好友，求的是好感，比較不講究利益；但我們比較可能會以市場標準跟陌生人往來，以貼近商業

的心態，力求「公平交易」。

光是考慮到金錢，就能讓我們的思考模式，從社群標準跳到市場標準的迴路，也很難再轉過來。像許多人買東西時不會斤斤計較，不過一旦開始比價，就會一路比到底。你可能也有過這種經驗吧？跟小販殺價，一開始有點彆扭，但殺紅了眼之後，為了幾塊錢也會跟對方相爭。其實同樣的幾塊錢在別的狀況，例如，去吃一頓開心的大餐時，我們可能一點都不會計較。

所以，面對利益和金錢掛帥的環境，我們需要不時提醒自己：

1. 「斤斤計較」容易陷入僵局，不要為了小錢而錯失大局。
2. 「價錢」與「價值」其實是不一樣的東西。

想想看：一瓶礦泉水的生產價是固定的，但在不同狀況下卻有很大的差異。

在家裡，一瓶礦泉水對你的價值很有限；但在沙漠裡，當你已經被太陽烤得暈頭轉向時，一瓶礦泉水的價值就非常高。判斷一瓶水可能有的價值，而隨之調整這瓶水的價錢，就是「商業」的基本學問。

因為在社會中，價錢和價值往往都成正比，所以許多人就會建立起「錢」＝「值」的認知：要價高，表示質量好；錢賺得多，表示工作值得；擁有的錢多，表示人生有價值。

但這只是個迷思,因為價值來自於你的用處和貢獻,跟金錢不一定有關係。在利益掛帥的環境中,我們很可能學會用錢來做質量判斷,但其實這個邏輯應該倒過來:先看一件事物的價值,再決定它的價錢。

錢不是一切

彼得‧提爾(Peter Thiel)是Paypal創辦人,也是矽谷最成功的創投家之一。他曾經給所有想創業的年輕人一句建言:「不要為了開公司而開公司;你開公司是要為了解決問題[8]。」換句話來說,如果你解決一個原本無法解決的難題,方便了人的生活,那你的公司就有了存在的價值,而一個有價值的公司,也比較容易跟投資者談價錢。

但放眼看去,在先進的社會,許多公司的存在意義似乎只是為了賺錢,而不是創造價值;許多員工上班的意義只是為了賺錢,而不是創造價值;這種做法往往都撐不了太久,而且還會浪費寶貴的時間和腦力資源。設想:如果環境裡的每一個成員,都能盡力為群體創造最大的價值,那會是何等夢想的國度啊!

我們需要把身邊的環境,盡量從「價錢導向」轉為「價值導向」。我們需要鼓勵年輕人的,不是「如何賺更多錢」,而是「如何創造更多價值」。創造了自己的價值後,只要懂得善用機會,

錢就會隨之而來。

有些人覺得運氣好就能賺很多錢，像是當初參與臉書草創時期的年輕人，現在各個都身價上億。曾經有人問其中一位創辦人達斯汀・莫斯克維茲（Dustin Moskovitz）：「你現在是個身價數億美金的富翁，感覺如何？」

他引述了美國知名喜劇演員路易CK（Louis CK）說過的話：「我從來不覺得錢應該是『我的錢』。錢就是錢，它是一種資源，而當它匯集在我身邊的時候，我就得負責把它再沖回環境裡。」莫斯克維茲接著說：「我和我太太成為了資金的管理人，而這資金剛好目前匯集在我們身邊。但我們相信它始終屬於這個世界。我們用這樣的態度管理金錢，雖然不能說經營得十全十美，但我們會持續朝這個方向努力[9]。」

我非常欣賞莫斯克維茲的答案，以及他目前成立的社會企業項目（包括www.goodventures.org）。我絕對願意用我的錢，來支持這樣的社會投資，也盼望在未來的日子裡，有更多成功人士能以自己的方式貢獻社會。

**金錢就像水，愈流動愈有價值。
運也是一樣，愈活動愈有運氣。**

希望我們都能把利益轉換為價值，不僅為自己也為別人，讓大家都能 Get Lucky！

我相信，最幸運的人不是擁有最多的錢， 而是創造了最多的人生價值。

評估環境中的小人風險

現在，你知道什麼樣的環境比較容易造成小人行為，也可以用這個簡易的清單來評估自己的周遭環境。

對於每個環境，請給與 0 到 5 的評分。
0 ＝完全不是，5 ＝完全是：

1.這個環境是否有高度同化的壓力？
　□ 0　□ 1　□ 2　□ 3　□ 4　□ 5
2.這個環境是否有許多不公開或不透明的競爭對手？
　□ 0　□ 1　□ 2　□ 3　□ 4　□ 5
3.這個環境是否有很顯著的權力階級？
　□ 0　□ 1　□ 2　□ 3　□ 4　□ 5

4.這個環境是否缺乏監督和責任歸屬？
　　□0　□1　□2　□3　□4　□5
5.這個環境是否以金錢利益為最高優先？
　　□0　□1　□2　□3　□4　□5

把你的分數加起來再乘以4：
舉例來說，如果你評估的是自己上班的環境，而你填寫的分數是：

1.＝3，2.＝4，3.＝4，4.＝1，5.＝3

這些分數加起來＝15
再乘以4＝60

0－40／低風險

　　這個環境可以讓你放心，雖然不能說完全不會有小人，但相對來說機率較低。在這種環境，人性比較容易發揮善良的本質，隊友比較樂於互助。即使有對手，也比較能以公平的方式與你競爭。

41－65／中風險

　　這個環境的特質，足以形成某些小人，但整體來說，他們還不至於會太囂張。只要注意自己的言行舉止，大致可以避開犯小人的危險。

66－100／高風險

　　這種環境就要小心了！在這種環境，連盟友都有可能背叛你。最好低調一點，有機會就換個環境，不要讓自己陷得太深，並尋找低風險的環境當避風港。記得，千萬不要因為長期待在這種環境中，而把自己也變成小人了！

CHAPTER 9

1.From BBC Nature 自然世界紀錄片系列：*The Life of Mammals*。這段影片可以透過以下連結直接觀賞：http://www.bbc.co.uk/programmes/p00rwz5n。

2.http://greatergood.berkeley.edu/article/item/how_anxiety_reduces_empathy。

3.Philip Zimbardo, *The Lucifer Effect: Understanding How Good People Turn Evil*, Random House 2008。

4.Dan Ariely, *The Honest Truth About Dishonesty: How We Lie to Everyone--Especially Ourselves*, Harper Perennial, 2013。

5.Malcolm Gladwell, *The Tipping Point: How Little Things Can Make a Big Difference*, Back Bay Books, 2002。不過，我在這裡做一個補充：雖然書中把紐約治安的改善完全歸功於警察局長的施政，但後來也有學者指出，當時紐約市區經濟起飛，可能也是改善整體環境的很大原因。而且不少人也批評說，警察局長當時施行的「零容忍政策」太過嚴格，尤其對於社會底層人士來說，已經影響了基本人權，所以「破窗理論」目前各有支持者和反對者。

6.亞洲人可能不太熟悉「十戒」（The Ten Commandments），但在歐美國家，幾乎每個人小時候都聽過。它在西方社會算是文化通識，不是只有猶太人和基督教徒會知道。

7.Yuwei Jiang, Zhansheng Chen, Robert S. Wyer Jr. (2014), Impact of money on emotional expression, *Journal of Experimental Social Psychology*, Volume 55, 228-233。

8.As reported by Gregory Ferenstein for the Forbes Tech Blog: http://www.forbes.com/sites/gregoryferenstein/2015/07/02/peter-thiels-key-advice-for-entrepreneurs-and-investors-in-2-quotes/。

9.As answered by Dustin Moskovitz himself on quora.com: https://www.quora.com/How-does-Dustin-Moskovitz-feel-about-being-a-billionaire。

3

階級分明的環境

高危險群

大公司 大家族 宮廷 官僚

生存心態
有了權力才能自保

What to do?
維持多元關係
提升彼此安全感

4

缺乏監督的環境

高危險群

制度鬆散的公司 社群網路
人口複雜的城市

生存心態
天下烏鴉一般黑
太過善良會吃虧

What to do?
鼓勵自我道德提醒
建立責任制度

5

利益掛帥的環境

高危險群

商場 貿易市場
重視金錢利益的社群團體

生存心態
錢就是一切
其他通通不重要

What to do?
重建價值判斷
不因小錢錯失大局

為什麼身邊
總是有小人3

小人如何滋生 II
你知道哪些環境最容易出現小人嗎？

postscript

後 記

最近我看到了一篇很有意思的報導：

哈薩克北部有個名叫卡拉奇（Kalachi）的小鎮。大約兩年前開始，居民患上了一種「睡眠怪病」。人們會莫名其妙睡著，有的人工作途中就會突然不省人事，有的人走在路上就會昏倒，而且一睡就是好幾天，醒來什麼都不記得，也有人依稀記得夢中有長了翅膀的馬和啃食著手的怪獸。

由於這個怪病幾乎影響了當地所有的居民，迅速引起國際的關注。外界甚至猜測：這可能是一種罕見的傳染性腦炎。哈薩克總統也下令一定要調查清楚。經過了兩年多的研究，科學家最近終於找出了原因。

禍首來自於小鎮附近的一個鈾礦。在冷戰期間，這裡出產的放射性鈾曾供應蘇聯製造核子彈頭。而蘇聯瓦解後，這個鈾礦也荒廢了多年。之前都沒有傳出任何不尋常的消息，但不知為何，近期這些礦會釋放出大量的一氧化碳。無色無味的一氧化碳散布在小鎮內，導致居民不知不覺中毒昏睡。找出病因之後，哈薩克政府也趕緊安排居民遷離。

我們可以想像，如果這發生在一百多年前，當地居民可能會找來神父和驅魔師大作儀式，也會留下許多想像力豐富的傳說。但儀式歸儀式，這麼做終究無法解決一氧化碳的基本問題。幸好現在是二十一世紀，我們不但有偵測儀器，碰到怪事，也會先找科學的解釋。

　　許多古代的謎，也是近年來才有了較合理的解釋，例如神祕的瑪雅文明，雖然一度稱霸整個中南美洲，卻突然在歷史上銷聲匿跡，只留下一堆森林中的廢墟遺址。後人根據神殿裡的浮雕，想像瑪雅人說不定是受到外星人的影響，才會有那麼詳細的天文記載，還衍生了2012年12月21日末世預言等傳說。

　　但是最近，科學家提出了一個更有根據的理論：瑪雅人曾經大量伐樹，一方面是為了應付糧食需求而砍樹耕田，一方面則是為了建立輝煌的宮殿建築。科學家用電腦模擬當地自然環境時，發現一旦樹被砍光，氣溫就會上升三到五度，降雨量則會下降兩到三成。若剛好不巧遇到旱災，這個狀況將會變本加厲，甚至有可能會讓當地的農作一蹶不振。所以最新的認定是：瑪雅文明的消失，很可能是自己過度發展所造成的。

　　多麼可惜啊！那些擁有先進天文知識的瑪雅祭祀，雖然堅信每天要用鮮血拜日才能維持世界的運轉，卻沒料到會因為砍樹而害了自己。

　　還是說，當時也許有人提出警告，但卻被伐樹的工人和建蓋宮殿的師傅們聯手抵制？

　　雖然現在是二十一世紀，但同樣的狀況，也正在上演。那些有關地球暖化、海洋保育等議題，警告的聲量往往抵不過利益的遊說。為了避免給子孫帶來不幸，我們應該面對現實，慎重看待環境中的警訊。

　　同時，我們也該用客觀的態度和科學的研究方法，來驗證或修正一些傳統觀念。雖然目前的理論未必是最正確的，但我相信嚴謹和理智的求知，能讓我們逐漸找出更多答案。

　　希望大數據的分析可以從複雜中提煉出趨勢，幫助我們更早發現問題；也期待不久的未來，全自動車輛能讓路上的意外減少到幾乎成零；更盼望通訊科技的發展能拉近人與人之間的距離。

　　我們多麼幸運，生活在如此突飛猛進的時代！希望這本書所提供的概念，能幫助你更有勇氣迎接未來的多變和挑戰。改變是必然的，相信自己的能力，結合正面的力量，採取積極的行動，I believe we will all get luckier。

　　願幸運多多匯集在你身邊，讓你慷慨發送給全世界！

acknowledgements

誌 謝

這本書要感謝許多人。

從我最貼身的親人開始：今年八八父親節，蘇迪勒颱風在窗外肆虐，我在書房裡忙著趕稿，太太和千川二寶笑咪咪端著自己做的千層蛋糕和手畫卡片走進來。當個先生和父親，這種時刻會記住一輩子。我實在很幸運有他們的愛一直支撐著我。

天下文化出版社一直給與很高的支持，從編輯到行銷、發行、影音、網路，串連了各部門的人才，讓此書不只是文本，也可以在其他平臺發揮影響力。感謝所有的同事陪我一起腦力激盪、提供故事、嘗試新點子，也謝謝我的助理在其中做了不少繁瑣的協調和整理。

為這本書提供了個人經歷的許多朋友們，考慮到隱私所以不具名列出，無論是否有機會納入篇幅，我都很感謝他們願意分享自己的故事，尤其是八仙塵爆剛發生沒多久，還心有餘悸就接受我訪問的幾位朋友，也特別感謝刑事警察局提供防詐騙的專業資訊。

沒有網路就沒有這本書，沒有網友也不會有上一本的佳績。感謝所有線上朋友的支持，主動寫信來分享讀後心得、給我鼓勵，還會幫我校對錯字，你們的熱心給我莫大的動力。

最後，謝謝正在閱讀此書的您。希望我在這些章節中整理的訊息能夠成為適時、有用的提醒。若能夠對您的生活有點幫助，或對內容有所指正，請不吝與我聯絡。

　　來日方長，每個緣份都應當珍惜。祝每一位朋友平安健康、知足常樂！

劉軒 2015年11月

https://www.facebook.com/i.am.xuan.liu/

心理勵志 BBP377

國家圖書館出版品預行編目(CIP)資料

Get Lucky! 助你好運 II：幸運透視眼／劉軒
著. -- 第一版 -- 臺北市：遠見天下文化，
2015.11
　面；　公分. -- (心理勵志)
ISBN 978-986-320-878-5(平裝)
　1.習慣心理學

176.74　　　　　　　　　104024578

GET LUCKY!
助你好運 II
—幸運透視眼—

作者 — 劉軒
事業群發行人／ CEO ／總編輯 — 王力行
副總編輯 — 吳佩穎
責任編輯 — 楊逸竹
封面設計暨內頁設計 — IF OFFICE · Sally
內頁插畫 — Rae Chou
封面攝影 — Lorenzo Pierucci
造型梳化 — 李慧倫、曾湘婷

出版者 — 遠見天下文化出版股份有限公司
創辦人 — 高希均、王力行
遠見・天下文化・事業群　董事長 — 高希均
事業群發行人／ CEO — 王力行
出版事業部副社長／總經理 — 林天來
版權部協理 — 張紫蘭
法律顧問 — 理律法律事務所陳長文律師
著作權顧問 — 魏啟翔律師
社址 — 臺北市104 松江路93 巷1 號
讀者服務專線 — 02-2662-0012 ｜傳真 — 02-2662-0007；02-2662-0009
電子郵件信箱 — cwpc@cwgv.com.tw
直接郵撥帳號 — 1326703-6 號　遠見天下文化出版股份有限公司

電腦排版 — IF OFFICE
製版廠 — 中原造像股份有限公司
印刷廠 — 中原造像股份有限公司
裝訂廠 — 中原造像股份有限公司
登記證 — 局版台業字第2517 號
總經銷 — 大和書報圖書股份有限公司｜電話 — 02-8990-2588
出版日期 — 2015 年11 月27 日第一版第一次印行

定價 — NT$350
ISBN — 978-986-320-878-5
書號 — BBP377
天下文化書坊 — www.bookzone.com.tw